我说参同契

南怀瑾 讲述

上册

東方出版社

编者的话

南怀瑾先生是近年来享誉国内外，特别是华人读者中的文化大师、国学大家。先生出身于世代书香门第，自幼饱读诗书，遍览经史子集，为其终身学业打下了扎实的基础；而其一生从军、执教、经商、游历、考察、讲学的人生经历又是不可复制的特殊经验，使得先生对国学钻研精深，体认深刻，于中华传统文化之儒、道、佛皆有造诣，更兼通诸子百家、诗词曲赋、天文历法、医学养生等等，对西方文化亦有深刻体认，在中西文化界均为人敬重，堪称“一代宗师”。书剑飘零大半生后，先生终于寻根问源回到故土，建立学堂，亲自讲解传授，为弘扬、传承和复兴民族文化精华和人文精神不遗余力，其情可感，其心可佩。

本书是南怀瑾先生上世纪八十年代讲解《参同契》的辑录，曾搁置多年。经近两年的辛苦整理，终于与读者见面。此书分上、中、下三册，是先生继《论语别裁》后用力最深、最有分量的作品之一，亦是其对承续国学传统，弘扬国学精粹所做的又一突出贡献。南师本人也很关注该书的整理和出版工作，承蒙其独家授权同意，我社在大陆首次推出，以飨广大读者。

《参同契》又名《周易参同契》，为东汉魏伯阳所著，此书不仅是道家养生学的理论源头，亦是中国古代化学、药物学、天文历算等学科的发轫之作。因此，《参同契》一书被人尊奉为“丹经之祖”，魏伯阳其人亦被后人称为“万古丹经王”。其学说汇融周易、黄老、丹火之功于一体，用《易》的阴阳变化之理，阐述炼丹、内养之道，证明人与天地、宇宙有同体、同功而异用的法则。因其涉及诸多学科知识，艰深晦涩，素以“天书”著称，历代注家甚多，但能参透此书者寥寥，有认为此书专讲人自身精、气、神的修炼，即内丹修炼；有认为此书是讲烧炼金丹以求仙药，即外丹修炼；亦有认为其与《易经》一样，无非阐述阴阳调和之道……各说各理，莫衷一是。南师在集采众长的基础上，独选取清朱云阳真人所注的《参同契阐幽》为讲解的底本，此书在《参同契》的注释史上，最为权威。

南师的讲解共八十讲，所涉及的内容极为广泛，有着独特的“南师风格”——旁征博引，举证极多，平白如话，不拘一格，有许多独到、精辟的属于个人的经验和观点。在讲解过程中，南师还充分顾及到一般读者对周易、道家、丹道的了解程度，由浅入深，并由此书延展开，对儒、释、道三家的一体共论，亦有不少精彩的讲解。对于一些已经对中国传统文化有所了解的读者来说，此书可以帮助他们进一步学习、修证；而对于一些初入门的读者来说，则可以依此领略中国古人非凡的哲学智慧和中国传统文化的博大精深。可以说，以先生学识之广博，及对各种修炼法门的深刻体验，此书当是国人了解、解读《参同契》这部“天书”的首选。

当前社会，生活节奏越来越快，工作压力越来越大，各种心理和生理的健康问题越来越为人所关注，如何养身养生、延年益寿成为一个备受关注的社会话题。因此，本书的出版，应人应时，不仅有着重要的学术价值，更对研究如何祛病延年，揭开人自身的奥秘，了解人与自然如何真正做到“天人合一”，有着非凡的意义。需要特别指出的是，书中关于服用“五金八石”的讲述，为“行内人”语，一般读者切不可轻易模仿。

我社与南怀瑾先生结缘于太湖大学堂。出于对中华优秀传统文化的共同认识和传扬中华文明的强烈社会责任感、紧迫感，承蒙南怀瑾先生的信任和厚爱，独家授权，我社将陆续推出南怀瑾先生作品的简体字版，其中既包括世已有公论的著述，更有令人期待的新说。作为一代国学宗师，南怀瑾先生“通古今之变，成一家之言”，毕生致力于民族振兴和改善社会人心。我社深感于南先生的大爱之心，谨遵学术文化“百花齐放，百家争鸣”之原则，牢记出版人的立场和使命，尽力将有思想的著述如实呈现读者。其妙法得失，还望读者自己领会。

东方出版社

二〇〇九年五月

目　录

楔　子

宋儒朱熹化名邹䜣注参同契是大笑话
昔年为讲此书亦一大笑话
刘雨虹翻旧稿整理又一笑话
仙佛不可见不可知是一大笑话
要我衰老之年校阅此书岂不笑话
生不知所来死不知所去更是笑话
姑且留待高明者自有慧目看清楚即是

戊子腊月杪
南怀瑾

宋儒朱熹化名邹訢注参同契是大笑话昔年为讲此书亦一大笑话刘雨虹翁审稿整理又一笑话仙佛不可见不可知是一大笑话

当我衰老之年校阅此书岂不笑话生不知所来死不知所去更是笑话姑且留待高明者自有慧目看清楚了即是

戊子腊月杪

南怀瑾

出版说明

这本书是南师怀瑾先生讲解《参同契》的记录，时为一九八三年在台北十方书院。

《参同契》一书，自来被认系丹经之鼻祖，是彻底转变肉体生命的修炼宝典。用现在的语言来说，就是真正的生命科学了。

作者乃东汉时期的魏伯阳真人（约公元一〇〇年—?），距今已一千八百年了。魏真人出身浙江上虞官宦望族之家，不喜仕途而爱好修道，后入神仙之列，并将修炼经验写出这本《参同契》，当时佛法尚未传入中国。

清朝初年，有道家北宗龙门派道士朱云阳，因早年由此书入门，又三山五岳遍参诸方后修炼有成，再穷十年之功，注释《参同契》，于康熙八年己酉（一六六九年）刻版印行，书名为《参同契阐幽》。此书一扫千多年来对《参同契》的错解、邪见与误导，而正视听。此次课程所采用的书本，即自由出版社所印的这本书。

唯读《参同契》犹如读天书，即如云阳真人这本阐幽，亦为三百多年前的古典文章，加以一般人对《易经》、阴阳五行等缺乏研究，欲懂《参同契》太不容易，如无真实修养者解说，实难入其堂奥。其实，连入门都不可能。

《参同契》共分三篇，上篇与中篇读之令人有重复之感。其实不然，上篇为纲要原则，中篇再作深入微细解说，以免曲解而流入旁门别庭。

南师怀瑾先生，当时选讲这门课程，旨在引导学人进入中华重要典籍的初步研讨，所讲仅上篇及中篇之重点（包括十八、二十、二十一、二十二及二十四章一段），因下篇为总结，学人应可自己研究了。

南师讲解后，有行者逐渐发现，在工夫修持过程中，道家的著作如《参同契》一书，解说具体而周详，且有对治方法。有人甚至说，仔细研读了南师的讲解，才对佛法的修持较为明了，尤其对东晋初期传来佛家修炼禅定的十六特胜法门，才有真切的体会。

另有人说，略知《参同契》，才了解什么是正统道家，什么是邪说乱道，这世界上的误传和歪曲修法太多了。

《参同契》是在佛法传入中国之前的著作，之后佛经翻译常采道家的遣辞用字。朱云阳真人由习禅而转道家，故而常以禅法解说。朱氏认为，《参同契》“向来埋藏九地，而今始升九天之上”，乃指《参同契阐幽》一书，令原著转暗为明。

也有人说，《参同契》不止是丹经道书，而是古哲学、古典文学之作，其中包含了中华民族最高深的承天接地的文化；是一颗明珠，因深奥而埋藏，经朱氏阐幽而出土，更因南师深入浅出的讲解而闪发光芒。

吾人何其有幸，生为炎黄子孙，有祖先璀璨光辉的文化留传，岂能不继续努力以发扬先祖的智慧成果！

再说这本书的出版，颇为偶然且有趣。缘香港佛教图书馆的亲证尼师，发觉南师所讲《参同契》录音带，保存不易，故而率同图书馆数位同修加以记录，再由石宏君将文字略加清顺。稿子带至庙港后，历经我等八个多月整理，将所涉及种种问题，请示南师加以厘清、修订、补充，务使尽量明白易懂，以便利读者。

《参同契》为两学期的课程，每周一次二小时，共八十讲，所讲内容涉及广泛，举证既多，更有南师亲身经历的诸多奇特的人与事。全部整理后分为上中下三册，计划三个月内出齐。

此次配合工作，除张振熔查证资料外，更有宏忍师自二〇〇六年起即搭配相助，昼夜辛劳，因缘特殊，特志之。

又，书中小标题为编者所加。

刘雨虹　记

二〇〇九年一月

第一讲

惊人的学说
龙代表的意义
宋儒口中的异端
朱熹与白玉蟾
《参同契》三大纲要
三种丹

我们书院有关道家哲学思想的课程，从《老子》、《庄子》到《列子》，是一系列连贯下来的。现在要研究的是《参同契》，这是最难研究的一本书。我本人对《参同契》的理解不一定是全对的，这并不是谦虚，我只能把自己的一些心得提出来，贡献给诸位做参考。这一本书在中国整体文化里，占有非常重要的分量，古人更直指《参同契》是千古丹经之鼻祖。古今以来，尤其是讲修道的神仙之学，要炼丹法，要返老还童求得长生不老之术，这是一本非读不可的秘密典籍。不仅如此，它可以说既是哲学的又是科学的，很多相关学理，都来自这本书。现在西方人研究中国古代科学发展史，也把《参同契》看成是化学、地球物理、天文等等学问的重要源头。只是我们中国人自己往往忽略了这一本书，原因之一，是这本书实在很难研究。

惊人的学说

书名为什么叫做《参同契》？"参"就是参合，"同"就是相同。怎么样叫做"参同"？简单地说，就是参合三种原则相同的学问，融于一炉。这三种学问就是老庄、道家的丹道，还有《易经》的学问。我先声明，我是没有做到返老还童长生不死；假使做到了，我应该是个童子，结果我还是个老头子。不过这里提一件事情希望大家注意，据我所了解，世界上人类都在研究追问生命的来源，也在追问是不是死后有个东西可以存在。全世界人类由宗教开始，一直到现在的科学，都在围绕着这些问题打转。宗教家说有一个东西在人死后还存在的，到天堂那里，或者到了别的世界，像极乐世界。这种说法是不是能兑现，我们不知道，不过宗教家那么说，信众也就那么信。

对于这些问题，中国道教文化提出来，人的肉体生命与天地一样，是可以永远存在的。我们标榜人的生命可以“与天地同休”、“与日月同寿”。中国文化把人的生命价值提得那么高，并不靠上帝，不靠佛菩萨，也不靠祖宗、鬼神。每一个人都有这个资格，每人都可以成圣贤、成仙、成佛，只要能找到自己生命中真正的东西。我们现在活着，真东西没有发展出来，都是假的部分在维持着生命。

所以中国文化大胆地说，人的生命可以与天地同寿，只要太阳月亮在，宇宙存在，“我”就存在，与日月一样的长久。我们研究世界各国的文化，不管是宗教是哲学还是科学，没有敢这样大胆吹牛的！可以说世界上吹牛吹得最厉害的是我们中华民族。即使只是一种假设，也只有中国文化敢这么讲。其次，道家提出来，可以利用自己肉体的生命功能返老还童，长生不死。外国任何文化也没有敢这样说的。将来有没有不管，至少过去没有。

所以讲到中国文化的特点，只有道家的思想具有这一种特点。比较接近的是印度佛家的文化，但是佛家在这一方面是不愿多提的，只是偶然露一点消息。在释迦牟尼佛的许多弟子当中，他特别吩咐四个人“留形住世”，把肉体生命留在这个世界上，等到下一次地球冰河时期过去，另一个劫运来了，世界太平的时候，才交代给下一位成佛者，然后他们四人才可以入涅槃，离开这个肉体。

据我所知，只有佛家有这么一个说法，有一点接近中国文化这一方面的消息，这是其他人类文化所没有的。所以我们站在自己中国文化的立场看来，这一点很值得骄傲。

可是千古以来，究竟有没有不死的神仙？我们从小读的小说，听的传闻，乃至丹经、道书、神仙传上都说有不死的神仙，甚至现在还有朋友来讲某某地方的山洞里有神仙。问他见到过吗？没有，是听某人说的，某人又听他表哥说的，一路追踪下去连影子都没有了。世界上说神仙说鬼，多半都是如此。

龙代表的意义

前几年有年轻人提倡所谓龙的文化，这是很有趣的一件事。年轻人当然有他的理想，可是这样的提法是不大妥当的，因为中国远古文献并没提到龙的传人。《易经》上再三讲所谓的龙，不过是我们所用的一个标志而已。孔子是非常佩服老子的，弟子们问他，老子在你心目中究竟如何评价呢？孔子说：鸟，我知道它能够飞；鱼，我知道它能够游；兽，我知道它能够走；至于龙，我知道它能乘风云上天，而老子他就像龙一样。

我们古代所讲的龙不是西方神话的龙，更不是已经绝种的恐龙。我们这个龙是四栖动物，能够飞，能够游泳，能够陆地上走，能够钻山入洞；能够变大，变成宇宙那么大；能够变小，比一根头发还要小。所以龙所象征的就是“隐现无常，变化莫测”，也可以说不可测。古人画龙从不画出龙的全体，所谓“神龙见首不见尾”，见尾就不见首。这个动物在古代究竟有没有我们不管，至少是民族自我表达的一种象征，就像有些民族用狮子、美国人用老鹰来表达自己的民族精神一样。

《参同契》提出来的，是老庄的思想观念、《易经》的变易法则、丹道的修炼方法。三样的原理相同，只要懂了某一面的道理，对于生命真谛就把握住了，这是《参同契》书名大致的来源。历史上相传，作者是东汉魏伯阳先生，道家称他魏伯阳真人。我们讲《庄子》的时候提到，“真人”这个名称是庄子所创，得道的人才能叫“真人”。所以后来道家道教的神仙都称做“真人”。那么相反的呢？我们没有得道的都是“假人”。所谓假人，道家的名称叫做行尸走肉，把我们人类骂惨啦！没有得道的人走路，只是尸体在走，其中无物，其中无道，中间是空洞的。

历史上这位魏伯阳，学术地位很高，官却并不大。很奇怪，中国历史上学问好的人，官大的并不太多；官大的，学问又不一定成比例地好。不过，中国上古的文化，事业功名与学问是一路的，文武是合一的，后世把文武分途了。魏真人对后世的影响很大，道家神仙传上称他火龙真人——一条浑身带火的奇怪的龙。可是在东方，我们晓得，龙都是带雨带水的。

宋儒口中的异端

过去的中国文化，由于儒家是学术的正统，对于佛家、道家的思想都有一点批判态度，所以旧的观念称佛、道两家文化为“异端”。“异端”是孔子《论语》里头的一个名词。后世像宋朝以后的理学家——我叫他们理学家，并不一定承认他们是正统的儒家——他们排斥佛、道两家，称两家为异端之学，好像就是我们现在讲的旁门左道。但是孔子并没有骂佛、道两家异端，是宋儒擅用了孔子的名词，自己又不懂这两家的学问，就是普通说“吃不到葡萄嫌葡萄酸”同样的道理。

所谓异端就是偏见，孔子称一般有偏见的人为异端。“异”就是不同，“端”就是另一头，另一头当然是偏见了，当时并不是指佛、道两家。后世宋儒理学家，共有五大儒，最有名的朱夫子朱熹，我们中国文化受他的影响有数百年之久，实在太大了！宋朝以后的儒家变成朱夫子的儒家，招牌虽打的是孔孟老店，老板换了朱夫子。本来另外有一个股东合作的，后来被朱夫子赶出去了，就是陆象山陆夫子。朱夫子注了四书，从宋元到明朝，要想考功名做官的话，非用他的思想解释四书不可，否则是考不上的。假如我生在几百年前，人家问我《参同契》看过没有，我说看过，那我就是异端，也就不能考功名了。

整个明朝三百年，朱元璋朱和尚当了皇帝以后，要拉一个有名气的同宗，光宗耀祖，就认了朱熹先生。他所注的四书就成了国家标准版，致使中国文化染上了重症。朱熹的观念对与不对，我们暂时不加讨论，那是儒家学术的范围。但是，朱熹虽然拼命地反对道家与佛家，却偷偷研究《参同契》，而且他还化名空同道人邹䜣，作《周易参同契考异》。他研究《参同契》很多年，但却搞不通，到晚年都钻不进去。当然钻不进去！他也不打坐，不修道，怎么钻得进去！

朱熹与白玉蟾

朱熹为什么要研究《参同契》呢？据说朱夫子在福建武夷山讲学的时候，刚好有一个道家南宗的白玉蟾，也在武夷山修道，有很多徒弟，后世称他为南宗祖师。既然称他祖师，差不多也是神仙了。一个道家，一个儒家，二人门下都有大批弟子。人类的好奇，古今中外都是一样，这些儒家年轻的读书人，每天都听子曰、子曰，听了半天，没有怎么样。可是看到人家那边修炼神仙丹道工夫的，不是红光满面就是脸上发青发乌，觉得总有一套，奇怪呀！就偷偷跑过去听。

朱熹总是讲那是异端，你们不要乱去听。后来弟子们告诉朱夫子，白老师那里的确有些怪事情，他有先知之明，是有道之人。朱夫子说，他“偶中尔”！也就是说瞎猫撞到死老鼠，给他碰巧碰对了。这个话当然是在他自己的补习班里对自己学生讲的，可是那个白玉蟾老师，也没有出门就知道了。第二天白老师就叫学生来约朱夫子，两校同学联欢去郊游。朱夫子也很高兴，就同意了。一去郊游，这可好了！下起雨来，大家没有带雨伞都淋湿了。可是白老师虽在雨中，他走过的地方四面没有雨，身上也不湿。朱夫子忍不住了问："白老师呀，你这个是什么道理呀？"白玉蟾笑笑说："偶中尔！"这一个"偶中尔"，朱熹脸面就挂不住了，心想我昨天说给学生听的话，他怎么知道？而且今天马上回敬我一个耳光一样。这个很奇怪，因此朱熹开始研究《参同契》。

朱熹经常偷偷研究佛、研究道，这是公开的秘密，谁不想活得长命，谁不想变成超人？只是面子上死不肯承认。所以我对宋儒不论哪一位，始终有一点不认同：学问道德宋儒没有话讲，就只有一样不好，明明借用了佛家、道家的学理，来说明儒家的道理，然后翻脸批评他两家都是异端，都是骗人。宋儒搞的这一套，叫什么圣贤之学呀！

说到朱熹批评佛道两家的话，似乎内行又很外行。譬如他做了道家与佛家的比较，讲了很内行的话，在朱熹文集里头都有。他说道家修道是"形神相守"，这个对道家就超过普通的了解，这是说修炼神仙之道，可以修到返老还童长生不死。怎么叫"形神相守"呢？道家认为这个身体是形体，等于是个机器，这个机器的电能是道家所称的元神，是我们灵魂生命的根本，那是电能，就像电灯有了电能才发亮。所以只要我们这个肉体存在，那个元神就在我们身上。身上每个细胞每个地方都通元神的，人老形体衰了，这个机器用坏了，神也不通就离开了。道家所以能够返老还童长生不死，他做的工夫就是把形与神凝结在一块，这就叫炼丹。

佛家不同，佛家讲涅槃，生死都是空的嘛，时间到了，打个坐就走了。所以朱熹说佛家是"形神相离"，学佛的人求空，把肉体都看空了，使神和身体分离，这是朱熹的批评。表面上一看，佛家、道家都驳他不了，他不简单的呀！道家、佛家的修炼工夫和学理，他还是做过研究的。

朱熹的学问没有话讲，但他对于白骨观没有深入研究，批评白骨观不是究竟。他说学佛的喜欢修白骨观，所以觉得这个世界是痛苦的，没有意思，不想留恋，而想到西方极乐世界。他不同意这个观念，又认为白骨观在佛家工夫是下层的，当然他没有写他认为高的工夫是什么。其实他没写的下一句，就是认为人的生命是可以留在这个世界上的。不过他老兄同我们一样没有留住，朱熹在他的传记里有好几条是他对《参同契》、对道家学问研究的结果，他下意识地承认，人的寿命是可以修的。

第二点关于儒家与佛道的关系，我常常提一句话，读书人都爱好仙佛。尤其中国过去的读书人，你查他一生的历史、文章、诗集，都记载有几个和尚道士的朋友，好像不交几个这种朋友，就没有学术地位。就像很多现代人，要认识电视电影明星，才表示自己交际广泛一样。当年想认识和尚道士，是表示自己清高，所以文集诗集里，几乎每一个人都谈到与佛道人士交往的事。知识分子都好仙佛之道，但是知识分子很难修成功，因为学问好，欲望就多，烦恼就大，叫他放下来打坐修道，想是想，办不到。可是反过来看历代神仙传、《高僧传》，我们却得出一个结论，就是仙佛的学问都很好。所以如清代诗人舒位有句诗说："由来富贵原如梦，未有神仙不读书。"这是真正的名言，青年同学要想学神仙的，书一定要读好才有希望。

我曾经把这个诗第一句改了，写了一副对联送给一个喜欢喝酒的文人朋友，他是富贵中人，所以上一句就改成“由来名士都耽酒”，一般名士都喜欢喝酒的，下一句还是“未有神仙不读书”，因为学神仙许多是爱读书的。

《参同契》三大纲要

讲了这么多，算是《参同契》的开场白。这一部书有历代各家的注解，书中主要有三大纲要：第一是“御政”，第二是“养性”，第三是“伏食”。所谓“御政”，那包括很多了，上至皇帝下至一个普通人，想修心养性做人做事都是“御政”。怎么样做人呢？就是走一条正路，知道人生的正道，政治也同时包括在其中。所以一切有关修道与做人做事、天文地理，以及人世间各种各样的正当法则、原理，都属于“御政”的范围。

第二“养性”，我们普通人修道学佛，要够得上第二步“养性”可难了。我经常说学佛修道是我们中国古时的一门科学，这一门学问是研究身心性命之学，它是有理论的。自己生命身体怎么来？为什么人有思想？要想得到答案，必须先把理论弄清楚，懂了理论再来修行。修行就是实验，反求诸己，用自己的身心去做实验。自然的科学也是懂了原理理论，然后用物来做实验的。

这个所谓“御政”的原理懂了以后，修养才叫做“养性”。但是我们一般学佛学道的，不管用哪一种法门，念佛也好，祷告也好，念咒子也好，打坐也好，都是走“养性”的最初步路子，可是性仍然养不好！要“养性”，首先就要认识“性”，也就是佛家所讲的“明心见性”。常有人说某人个性不好，个性是什么东西？还有中文把男女关系也叫做性，明心见性至高无上也用这个性。这个性究竟是什么东西？这就牵涉到中国文化的本位了。《礼记》上提出来人有“性”跟“情”两部分，所谓性情，我们老一辈子讲话，这一个孩子性情不大好呀。这个性情的性是什么东西？情又是什么东西？所以“养性”是养哪一种性？这些都是大问题。

第三“伏食”，就是成神仙。“伏食”就是在“御政”与“养性”做到之后，最后那个工夫。这个东西不从外来，是从自己生命里来。但是也不全然是从自己这个肉体生命来的，而是同宇宙有关系的。就是说有一个东西忽然会进入身体中来，但不是从嘴巴进去，而是由身体另外一个地方进去的。千古神仙不敢讲，据说讲了天打雷劈。不过我已经被天打雷劈很多次了，雷公来了我也跟他讲理。

我认为道是天下的公道，既然是天下之公道，就没有什么可秘密的——不是我的也不是你的，也不属于上帝。过去人为什么要当秘密藏起来呢？是怕人学坏了。因此把道法变成秘密，大部分是这个原因。好像一把刀一样，坏人拿刀去杀人，可是医生开刀也是靠这把刀。我素来不藏秘密，何必关起门来？不过有时候我也关门，因为我啰哩啰嗦讲了半天，公道摆在那里，你就应该懂，何必来问我？你再来问我，我就烦了。

这另外一个进入人体的地方，就是头顶。我们晓得婴儿头顶上这里“怦怦”地跳。修道修得好，这里一定开了，学密宗叫做开顶，不晓得你们诸位看过没有？我是看过的，书上看来的不算数，我碰到过这种人。过去我在四川的时候有一位老师七十几了，鹤发童颜。

鹤发可以有两种解释，一般的鹤羽毛是白色的，所以鹤发是形容银白头发；童颜是说面孔如婴儿一般。但是另一种解释说鹤发是黑的，所以暂且不做定论。讲到这位老师，他有四个特点：七十几岁子孙满堂，却不跟子孙在一起，一个人住一个小房子修道。房顶瓦漏了，他也不用楼梯，自己拿几片瓦，一跳就上了屋顶，补好了再跳下来，这是我们亲眼看到的。

第二点，我们都晓得这个老师从不睡觉，我们年轻人顽皮都是第一流的，故意轮班和他谈话，一讲一整夜。他有一个习惯，一到了正子时，就靠在椅子上不动也不说话，无论你怎么说话他就是不答。大概要经过半个钟头，眼睛张开了，然后你刚才讲的话他都答复你，每天夜里如此，我们屡试不爽。

第三个特点，他七十几岁的老人，两个乳房一挤，同女人一样有奶水的。换一句话说，他修道到了这个程度，他的血已经变成白浆，当然不是变成什么白血球，白血球过多是毛病。

第四点，他的头顶上我们都去摸过，“怦怦”跳的，同婴儿一样。别的稀奇古怪事我们不去管他，仅这四点就很与众不同，是别人稀奇古怪不来的，也是我亲自见到的。这个所谓“伏食”，与头顶有关，到了某一个时候这个东西就进来了。

后来宋朝南宗道人张紫阳真人，他著的另外一本丹经《悟真篇》，可同《参同契》媲美。张紫阳真人既是禅宗的祖师，又是道家神仙。他那篇《悟真篇》就提到“伏食”的道理，他说“一粒金丹吞入腹，始知我命不由天”，那也是牛吹得很大。他说人修道到了“伏食”那个境界，一个东西就进来了。“一粒金丹吞入腹”，腹是指肚子，这可不是大家修道修的这个丹田；“始知我命不由天”，生命就可以自己做主了。这就是“伏食”的纲要。

三种丹

在这里我要再介绍道家所讲的“伏食炼丹”。在我们的甲骨文里，也就是中国最古老的文字，“丹”字跟太阳的“日”字一样，就是一个圆圈中间一点，空空洞洞之中有一个东西。后来把这个丹字中间加了一横，有各种写法，反正是代表有个东西在一个空洞的中间。

我们晓得道家有三种丹的分类，所谓天元丹、地元丹、人元丹。我们普通一般打坐做工夫，打通任督二脉、奇经八脉，炼精化气，炼气化神，炼神还虚，都是自己做工夫在身体中炼成了人元丹。现在一般练气功的人还做不到，真正炼丹成功的还只是人元丹。

人元丹是根据道家的《高上玉皇胎息经》来的。这本经讲到上药三品，就是人本身的精、气、神，我们后世一般打坐修道做工夫都在搞这个东西。这个就又要扯到明朝的大儒王阳明了，他同朱熹对中国文化影响都非常之大。不过他同朱熹的路线相反，是走陆象山这个学派的路线，而且佛道两家他都学过。在他传记里都有，能够未卜先知，不过后来他放弃了。为什么放弃？也就是书读多了，官做大了，“道”

就不容易修成功了。王阳明虽然最后放弃了学道，可是也吹了一句大话，依我们现在观念看来是逃避的心态，他说道家也不必修，在那里练气功打坐，上通下来，下通上去，一天时间都浪费了，王阳明认为那是“搬弄精神”。

但是我们再仔细看看王阳明这一句话，他承认人的生命里有一个东西叫做精神，他至少承认这一点。我们常常听到有恭维人精神不死——精神是什么东西？精神是不是一个真东西？这是个问题！如果是真东西的话，就可以把握回来，把握回来就叫做人元丹。王阳明后来为什么能够搬弄精神而不搬了？我们休息一下再作报告。

第二讲

想成仙的大人物们

龙门派与成吉思汗

乾坤门户章第一

十二辟卦

天文 历律 气节

《易经》的八卦与文字

想成仙的大人物们

刚才讲到王阳明这个理学家，他也学过佛，学过道，打坐工夫很好。学佛走的是天台宗止观这个路线，修道家走的是哪一派的丹法没有资料可查。有一点在他的传记里记载，当时有一个道人叫蔡蓬头，蓬头是外号。因为修道的人把名利已经看得不值钱了，所以自己姓什么、叫什么都没有关系。这人道行很高，王阳明曾经专门去山中的道观拜访他。蔡蓬头站在道观的山门外面，王阳明老远就跪下向他磕头。这个蔡蓬头居然拂袖而去，袖子一甩进山门去了，王阳明赶快站起来，跟他走进道观大殿。

道家的大殿供的是“三清”，是太上老君的一气化三清，据说太上老君就是老子摇身一变变出来的——这些宗教的事情，事出有因，查无实据。这个三清是“上清、太清、玉清”，如果我们做比较宗教研究，这有可能是从佛家来的。佛教大庙子的正殿供的三尊佛，代表了“法、报、化”三身；如果我们用道家的观念来讲就是“精、气、神”——“精”是“化身”，生生不已；“神”是“法身”；“气”是“报身”。

这个蔡蓬头当时走进大殿，在“三清”前面一站，不理这个王阳明。王阳明一上大殿，又跪下来磕头，蔡蓬头又拂袖而去，向后面上了一个假山上的亭子，王阳明跟到亭子上，又磕头。蔡蓬头回头看看他，对他说，你呀！前庭后堂拜了我三次，“礼虽隆”，你这个礼貌很隆重了，“终不离官气”，他说你不能修道，功名还有份，将来官做得大，事业好。

我们读书看道书，看到这个地方不要轻易放过去。一个人的习气是很难变的，修道的人自然有修道人的习气。这一点我们讲两句古人的诗，大家听了不要灰心。古人说“此身未有神仙骨”，这个身体上没有神仙的骨格，“纵遇真仙莫浪求”，就是看到神仙你也不必拜了，方法懂了也不能成功。可见仙佛是生来就有种子的。“莫浪求”就是不要乱求，你求了有什么用？王阳明虽前庭后堂三拜紧跟，蔡蓬头接着掉头又走，王阳明又在后面跟，但却找不到人了。

我们再看汉武帝，这些历史上的大人物和英雄，尤其是中国帝王、名士都喜欢学神仙，其实就是人性心中欲望的扩充。一个人到了事业地位的最高处，一切都满足以后，唯一要求的是如何能不死。所以秦始皇、汉武帝都求神仙之术。汉武帝在我们中国历史上可以说是雄才大略，这个称誉，他当之无愧。一个二十几岁的年轻人，在一个政治环境很复杂的情形下，登基做了几十年皇帝，开创了一个盛世，真不容易。可是到了晚年就喜欢学神仙，他求神仙花的本钱太多了，甚至把自己的公主都嫁给一个骗子道士。像这样荒唐的事情，他都干得出来，明知道做了错事还不承认，后来不能自圆其说。

汉武帝旁边有两个大臣，一个是汲黯，一个是东方朔。

汉武帝是何等难伺候的帝王，在他左右的人讲话就很难了，高明的意见很难提出来，因为他太高明了。但是我们看历史，汉武帝有许多次因为有人犯了大错，就要杀人，出场摆平的都是东方朔。此人专会说笑话，东逗西逗就把汉武帝逗笑了，然后事情就作罢了。所以研究做人的道理，要多留意道家的精神。老子的话“曲则全”，一件事情走直线有时候是不行的。一个领导决定的事，明知他是错的，挑明说决策有问题，那就糟了！人是有个性的，格老子！你说有问题，我偏要干！所以老子说“曲则全”，转一个弯，这个事情就圆满了。东方朔走的是曲线的路，所以汉武帝碰上很多的问题，东方朔一来，往往就起了作用，把错误决定扭转过来。

汉武帝身旁另一个重要人物是走直线的汲黯。我们大概可以想象这个人脸应该是方方的，一天到晚不带笑容，讲话是仁义道德，连汉武帝都怕他。汉武帝当时见那些大将军、“总司令”，常常很随便，跟他的祖父汉高祖一样，在宫女帮他洗脚时也叫大臣进来报告，很不礼貌。但是汉武帝听到汲黯一来，赶快更衣戴帽才敢见他。我们现在的年轻人读历史要注意，一个人自己的人品、人格养成到真正高尚正直的时候，任谁都要尊敬他的。连汉武帝这么一个严君，对于大臣要杀就杀，但是却尊敬这个部下汲黯，自己衣冠不整还不敢见他。所以汲黯是以敢批评汉武帝出名的，换了别人讲话，汉武帝非杀他不可，比如司马迁为李陵辩护，汉武帝一气就罚司马迁受宫刑。

汲黯批评汉武帝很直率的，汲黯讲：“陛下内多欲而外施仁义，奈何欲效唐虞之治乎？”就是说你武帝内心欲望太重，外面好像做好事，内心却心机重重，如此怎么能效法远古的圣王之治呢？这虽然是在批评武帝的政治表现，但也间接指出武帝要学仙道是不会有成就的。一个人连人都没有做好，还妄想做什么神仙！“内多欲”，是说思想里欲望太多了，什么都要，钱也要，寿命也要，名利也要，儿女也要，反正好的都要。其实每人都是这样“内多欲而外施仁义”，所以求神仙，做得到吗？

这种话在朋友之间讲都很刺耳了，对皇帝讲更不得了。历史上记载武帝听了当然很不高兴，不答复他，但也没有对他不礼貌，可是汲黯的官运也就到此为止了。有趣的是，汉武帝临死的时候吩咐子孙，在我死了以后，为了太子的安全，还是要找汲黯这样的人来护国才可。

我们引用王阳明跟汉武帝这两段故事说明，是告诉大家我们研究神仙之道可以，却不要轻易想当神仙。这个神仙很不容易做的，是要放弃了一切，这个一切就包括很多了，我们放弃不了的。换一句话，我们每一个人都是“内多欲”，但并不见得能“外施仁义”，这样岂能成佛成仙呢？这个话要自己提出来警告自己。

龙门派与成吉思汗

闲话少说，言归正传。我们研究的这个《参同契》，是采用清代朱云阳道士所注的版本，尊重他一点可以称他为真人。我们认为在所有的《参同契》注解中，他的最正统。朱道士是道家北宗龙门派的传人。龙门派在道教里是元朝以后开始的，创派的祖师就是跟成吉思汗非常要好的道士丘处机，又名丘长春真人。丘长春真人有一本书叫《西游记》，不是孙悟空那个《西游记》，这一段故事在我们历史上也很特别。中国文化史上有两个特别事件，一个是在南北朝时，为了争取一个外国学者法师鸠摩罗什到中国来，派了几十万大军消灭西域两个国家。这个历史是外国所没有的。

另一个就在元朝成吉思汗西征，打到印度时，他得知中国山东有一个有道的道人丘长春，就派大使到山东把丘长春请到印度边境上见面。所以丘长春由山东到北京，由北京到新疆，一直到了天山南面跟成吉思汗见面。成吉思汗要拜他为师求道，丘长春告诉他少杀人，将来自然一统天下。丘长春早就知道，中国免不了一场灾难，所以与他约定，万一你打到中国来的时候，不要杀人。成吉思汗答应了，所以给他铜符铁券，就是两个人定了契约，两块铁上面盖了印。后来蒙古人打到中国北方的时候，每家门口只要有这个符牌一贴，元朝兵就不进来，保存了多少人的生命财产。这个在历史上也是一段奇迹。

现在北京的白云观，是有名的道教丛林，就属北宗龙门派，这一派是出名的绝对清修派。南宗修道的人，许多道士是有家庭、有太太有孩子的。后世道教里的道士，也大部分是北派丘长春的传承。我们手边拿的这本《参同契》，是朱云阳注解的，他就是北派的巨子，不过他也通南派的各种修法。他的注解实在很好，那是正统道家修炼神仙的学理，我劝大家自己多看才好。

现在我们翻开《参同契》的本文第一章，就是“乾坤门户章第一”。下面低一格的字就是朱云阳真人的注解，文字顶头的就是《参同契》的原文。

乾坤门户章第一

乾坤者，易之门户，众卦之父母。坎离匡廓，运毂正轴。

牝牡四卦，以为橐籥。覆冒阴阳之道，犹工御者，准绳墨，执御辔，正规矩，随轨辙，处中以制外，数在律历纪。

月节有五六，经纬奉日使。兼并为六十，刚柔有表里。朔旦屯直事，至暮蒙当受。昼夜各一卦，用之依次序。既未至晦爽，终则复更始。

日月为期度，动静有早晚。春夏据内体，从子到辰巳。秋冬当外用，自午讫戌亥。赏罚应春秋，昏明顺寒暑。爻辞有仁义，随时发喜怒。如是应四时，五行得其理。

十二辟卦

《参同契》是汉代的文章，差不多都是四个字一句，很严谨的。我们讲到中国文学史，由东汉文体演变了二三百年，形成南北朝的文学，对仗很工整，后世一般叫做四六文体。这第一章首先提出来“乾坤者，易之门户”，这也是《易经》的纲要。研究《易经》也好，修炼丹道也好，乾坤是《易经》八八六十四卦的父母卦、根本卦，就是“众卦之父母”。除了乾坤以外，就是坎离两卦。现在韩国的国旗图案就是乾坤坎离四卦。

乾坤这两卦代表天地，这个宇宙天地就是两个现象。什么叫卦呢？古文字典上解释，“卦者挂也”。宇宙的现象，像画一样，挂在外面看得见的就是卦，八卦是个代号。除了天地以外，其他的自然现象，日、月、风、雷、山、泽等等，都挂在那里，统称八卦，这就是卦的道理。

“坎离匡廓”，坎离两卦代表两个东西挂在那里，一个太阳，一个月亮。太阳月亮在天体里头走，“运毂正轴”，像一个车轮子在转一样。这个是什么意思呢？车轮同我们有什么关系？为什么说《参同契》是千古丹经的鼻祖？这是什么道理？

因此，为了研究《参同契》，第一步必须要了解《易经》的“八卦”。讲到八卦又是个专题，现在各位手中这一张图表（见下页），希望诸位每一次要带来，至少在讲“御政”一篇随时会提到；要了解中国文化的基本，也是要提到的。这一张表上面写的一岁，就是一年十二个月，分为六阴六阳，这是说明天体形象，包括的内容非常多。

我们看一层一层的圈圈，共有六层，中间是空的，这个空的外面第一层是十二个卦，专门名词叫做十二辟卦，辟卦也叫做侯卦。中国上古的政治，中央政府的皇帝称为天子，天子只有一个；地方的领袖是王，叫诸侯，侯卦的意思就是臣卦。在时间上说，一年是个主体，分十二个月，十二个卦名分别代表十二个月，叫十二辟卦。再外一圈是卦象，这个卦一笔一笔怎么画法？我们慢慢也要解释一下。第四圈是中国阴历十二个月份，每一个月另有一个代号，就是子、丑、寅、卯、辰、巳、午、未、申、酉、戌、亥。

当然还没有加上亥是猪，戌是狗……这十二生肖的来

一歲十二月六陰六陽之象

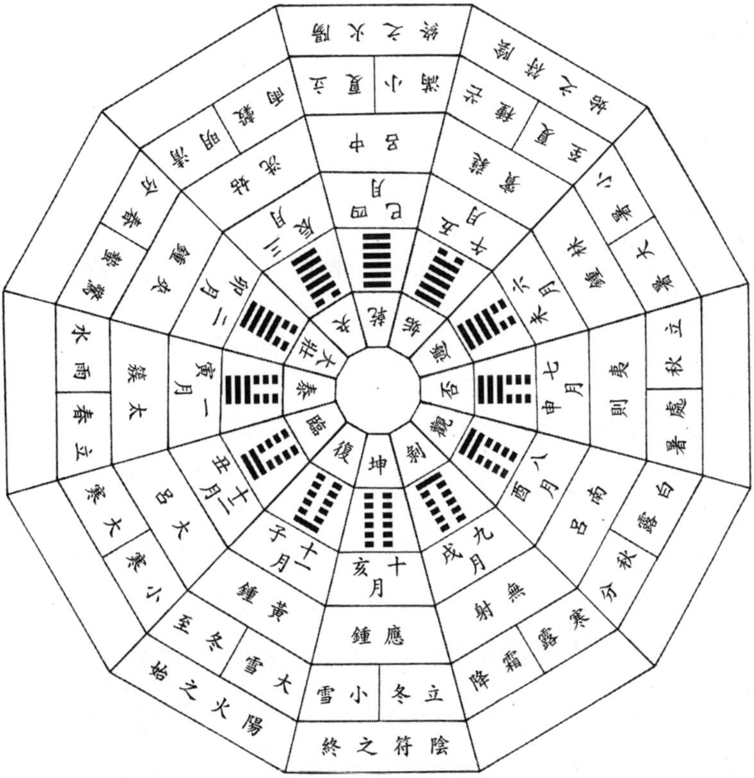

源，据我的研究是东汉以后，随印度文化过来的天文观念。所以一直到今日，从印度北部到西藏地区，你问现在是几月啊？他说狗月，我们就晓得他讲的是九月；他讲羊月，就知道是阴历的六月了。为什么选这些动物代表六阴六阳？比如子月是老鼠，同老鼠有什么关系呢？老鼠是五个脚趾，五是单数属阳；双数属阴。我们形容一个人胆子小叫“首鼠两端”，刚爬出洞的老鼠，习惯走两步，看一看前面，咚咚，又钻进去了，再跑出来多走三四步又钻进去了。首鼠胆子小，瞻前顾后就是“首鼠两端”，两头它都要看清楚。丑月属牛，牛的蹄是两瓣属阴的，所以一阴一阳这样分开。龙啊、蛇啊等都有些道理，这是一种解释，我们将来提到时再说，这是第四圈。

天文 历律 气节

这个第五圈麻烦了。这是中国文化音乐的乐律，与古代的天文也有关。中国文化以天上的星象变化判断人事，非常准确。诸位同学要研究这个问题，顺便告诉在大学研究所的同学们注意，先要读《史记》的《天官书》，其次读《汉书》的《五行志》。我们现在读历史都是通史，其实不大合理，因为历史上重要的东西，真正的历史哲学，现在的历史书上都漏掉了。譬如《史记》中重要在《礼》、《乐》、《律》、《历》、《天官》、《封禅》、《河渠》、《平准》八书。历代史书都有《天文志》，不叫《天官书》，司马迁的《史记》才有《天官书》。我们每一代的历史还有一个《乐律志》，在唐史、宋史，一直到明史，乃至现在出来的《清史稿》都有的。中国在科学上比任何一个民族国家发展都早，因为很早就有了天文科学，天文科学又是以数学为基础的。不过很抱歉，那是祖宗的文化！你看故宫博物院，那是我们祖宗的，你的在哪里？没有呀，拿不出来，这不行啊！现在我们连天文、历律这些都搞不清楚了。

这个图外面一圈是二十四个气节。一年有十二个月，一个月有三十天，五天叫“一候”，三候叫“一气”，六候就是“一节”。一年有七十二候，每个月有一个节，一个气，一年十二个气十二个节，合起来共二十四个气节。现在有一个问题，民国以来用阳历，老百姓是阳历跟阴历并用，这个习惯很难改，八九十年来，大家还是愿意过阴历年。民国初年湖南那个大名士叶德辉先生，做了一副对子：

男女平权公说公有理婆说婆有理
阴阳合历你过你的年我过我的年

我经常很感叹，这副对子说的现象九十年来没有变。那么你说是阳历好、阴历好呢？这个问题是科学问题，其实中国几千年来已经阴阳合历在用了。

我们算八字是以二十四气节为标准，二十四气节是以太阳为标准，我们的阴历以月亮出没同潮水涨落为标准。所以由广东到东北的海岸，海边人就晓得，我们小的时候就会念“寅申涨，卯酉平”。潮水涨落都在脑子里，老祖宗就告诉我们，初一十五出门坐船，“哎呀！船开了没有？”一算，“寅申涨，卯酉平”，没有没有，赶快跑去还赶得及，潮水还没有退，可以上船。这个科学常识已经变成民间的习惯了，后人不用脑筋已经都统计好了。所以二十四气节是一个天体太阳系统里月亮系统的统计。这一个图表里头东西多得很，我们中国文化大部分生活习惯的原理，都在这张图里。“卦者挂也”，就是挂在这里给我们看的。

《易经》的八卦与文字

要了解《易经》的乾坤这两卦，我们先要了解，什么叫八卦？什么叫八八六十四卦？你不要把它看成死的，它是活的，是个代号。大家说研究了《易经》以后就发觉，我们祖先的文化思想、哲学科学，为什么在上古时期就到达这样高的程度？我的看法是，上一个冰河时期之前，人类文化已经发展到最高处了。一个学问越高明就越简化，开始发明都很复杂，到了最高峰反而简单而明了，复杂的不算真学问。古人归纳一切法则画成这个代号八卦，很容易懂。冰河时期，人类整个毁灭了，好在这个“卦者挂也”留了下来，就靠这一点卦，告诉我们宇宙天地的一些讯息。这些符号所表达的内容太多了，这是第一点我们需要了解的。

第二点讲到《易经》的八卦，也是中国文字的起源。人类最初都没有文字，文字是人为制造的。中国的文字是由象形文字开始，象形就是图画、漫画，八卦也是漫画开始的。所谓“伏羲画八卦”，古人的卦是怎么样画的？是不是我们现在这样画的？八卦是否就是中国先古文字的开始？过去几十年来，有些考古学家不大承认卦是文字的开始。我却认为八卦是中国文字的源头，而《易经》是中国文化根源的根源，哲学里的哲学，经典里的经典，文化中心的中心。但是，你在考古文献上找不出有关八卦的东西。

譬如过去那位董作宾先生，我们的老朋友，他是甲骨文学者。我对他说要灵活来看，在甲骨上看到一条线的，几条线的，几个点的，那个就是卦。古人画卦或横画，或直画，或点一下，反正是代号。三直是乾卦（|||），或者打三点也是乾卦（⋮），都是代号。所以我们看到最古老的一本《易经》叫《易纬》，里头画的卦不是横的，而是三条直的。慢慢在甲骨上也找到了这些东西，可见我们中国文字文化来源很早。

《易经》为什么叫"易"呢？这个"易"字为什么这样写呢？上面一个圆圈加一点代表太阳，下面这个圆圈有个缺口代表月亮。甲骨文上有没有这个"易"呢？是有的。换一句话，什么叫《易经》？"日月之谓易"，就是太阳、月亮天体系统之下的学问法则。

所以八卦从乾坤两卦开始。可是还有一些基本的常识要向诸位介绍，现在我们这一本《易经》叫《周易》，是由伏羲氏画八卦、周文王演绎、孔子传述的，是经过这三位整理过的。所谓"易更三圣"，实际上《周易》只是《易经》学问的一部分。易学有三种，称为"三易"：《连山易》、《归藏易》、《周易》，现在流传下来的是《周易》。《周易》是以乾坤两卦为开头的，《参同契》用的就是《周易》的道理。

第三讲

道家与禅宗的易学
五代的人物
道家与密宗的关系
阳火之始
复卦是什么
一月泰 二月雷

道家与禅宗的易学

关于《易经》学问的本身，所谓道家的易，观念上同理学家们，尤其是朱夫子、程夫子他们所解释的易，实有不同之处。道家的易差不多都是讲应用的。

上一次我们提到《易经》的所谓“三易”，除了现在留下的《周易》，还有神农的《连山易》，黄帝的《归藏易》。《连山易》以艮卦（☶）为首，艮卦代表“山”，《连山易》的意思是“如山之出云”。《归藏易》是黄帝时代所用的易，以坤卦（☷）为主，坤是纯阴，一切阳能“归藏”到纯阴的境界里去了。

到了周朝，经过周文王整理，就是我们手边这个《周易》，一般称它是我们五经里经典的经典，哲学的哲学，也就是我们文字文化的起源。《周易》以乾卦（☰）开始。传统《周易》的学术观念认为《连山易》、《归藏易》是只有其名，没有实际的东西。我们现在手边拿的《周易》，上面许多图案，包括八八六十四卦，什么先天图、后天图这些等等，同几千年流行下来的法则并不一样。尤其我们卜卦用到的，或者在阴阳家用到的六十四卦的次序，“乾为天，天风姤，天山遯……”一路背下来卦的次序，同《周易》六十四卦所排列的次序也不一样。

据我们所知，这些卜卦用到的六十四卦的次序，以及《河图洛书》等等，是宋朝以后才出现的。宋朝的邵康节是当时讲卦的第一名人，据说邵康节的这些卦图是鹤林寺的一个和尚传给他的，这个和尚的法名叫寿涯。但是这些传闻在学术界是个疑案。据说邵康节能算过去、未来等等，他不但帮我们中华民族算过，连世界的命运差不多也算过了。他又著了一部很难看懂的书，叫做《皇极经世》，这是用《易经》的“数理”推演法则，断定过去未来历史千万年的事情，有个公式摆在那里。我们大家都是诸葛亮的弟弟诸葛暗，属于事后方知，事后一查《皇极经世》，他讲的一点都没有错，但是事先看不出来。那么，道家的易学究竟哪里来的呢？据我的了解就是《连山易》、《归藏易》的遗留，这个法则是《周易》之外的另一章。所以我们一般所应用的算命、看相、看风水，稀奇古怪的都是用这一套来的。

那么有关《连山易》、《归藏易》的易学后来传到哪里了呢？传到佛教的大禅师们手里了。禅宗有五宗的兴起，其中有一个大宗派叫曹洞宗，是以一对师徒而出名。师父是洞山禅师，徒弟是曹山禅师，两个人是以他们住的庙子为名。不过为什么颠倒念呢？因为我们的文化喜欢讲韵文，洞曹好像不大美，曹洞就很美，所以倒转来说，就成了曹洞宗。

曹洞宗的禅宗工夫，我们如果严格地讲，就同道家有关，而且是丹道派的道家。丹道这一派的保留，就靠曹洞这一脉，所以研究曹洞宗的禅宗还必须要懂得《易经》呢！尤其是它取用“坎离”两卦，认为与悟道修道做工夫有密切关系。唐代以后的道家，传出来神仙丹法里有“取坎填离”这个工夫，就与曹洞宗有关。依我的研究，曹洞宗这一脉到了宋朝，走向衰落，这一派的修持方法与学说，只有寿涯禅师以后保留了。后来传到陈抟时，就到道家这方面来了。这个道家不是道教，不是出家人，是修道的在家人，实际上也就是混合了儒家、道家、佛家三家的修持工夫。

五代的人物

南宋以后的道家就很难讲了，他们也会佛家的道法，都很高明，而且比学佛的人还学佛。当然也比学道的人还学道，更通达儒家，但是这些人都走上神仙之路了。所以我们看历史，五代共乱了七八十年，欧阳修奉命主编五代史，他有个感想，说五代七八十年没有出一个大人物，没有一个大帝王，也没有一个了不起的将相。五代有名的一个宰相冯道，是欧阳修最头痛的，五个朝代五个皇帝，都请他出来当宰相。欧阳修说他是中国文人中的无耻之徒，是无耻的代表，他活了八九十岁才死。可是呢，与欧阳修同时的苏东坡跟王安石，却认为五代有很多的人物，都是顶尖的。王安石说五代人才太多了，但都出家去了，不是当和尚就是去修道了，那是他们对于时代的一种反抗，因为看不下去了！

所以我们讲禅宗真正的兴盛是在唐末五代，道家这些神仙人物也在五代最多。欧阳修认为冯道是最糟糕的！但是王安石认为冯道是位度众生的大菩萨；苏东坡更认为这些人是活佛！因为五代这七八十年的变乱，都是边疆民族外夷来当皇帝。苏东坡说，如果责备冯道不尽忠，请问他该为谁尽忠？但是他把中国文化保留了几十年，那可是很困难的一件事。冯道在历史上几乎没有什么建树，也没有多讲过一些话，更没有著作，只是庸庸碌碌，可以说是乡愿的代表。一切都是上面讲了是，奉命照办。但是他有时候也不办，我们至少从历史看出来，这样一个变乱的政权没有法律，也没有正义，不对就杀掉你。他能够让所有上台皇帝请他来当宰相，那可不容易啊！至少这个人本身在公事、私事上，没有什么缺点被政敌抓到的，否则这条命也早就没有了。

中国文化一个通俗的观念是“宰相肚里好撑船”，是说当宰相要包容一切好坏、正反的意见，要有这样大的度量。冯道一生一篇文章都不留，一封信也不留，诗啊，勉勉强强找到几首，有一首诗中最后一句是：“狼虎丛中可立身。”那是他的修养。五代他所侍候过的这一些皇帝，他认为都是豺狼虎豹，没有把他们当皇帝看。

道家、佛家的学术思想，在五代这个变乱的时代，是非常昌明的。我们后来看的所谓修道的一些丹经，多半是五代以后的著作。譬如说有位吕纯阳，也是唐末五代的人物，我常常说，道家的吕纯阳等于是佛家的六祖，属于道家的一个革命派的人物。

道家与密宗的关系

我们回过来看手边拿的这个十二辟卦图表，这个法则是道家的，也可以说是《连山易》、《归藏易》这个系统来的。这个用处可大了，我们中华民族的文化、生活思想习惯，乃至民间一切的风俗，都用得到它，这是大的方面。小的方面，我们学医药针灸的要懂得，至于要修道打坐做工夫，尤其想成神仙的——成不成不管啦，只要想修神仙，这个十二辟卦法则一定要知道。这个法则对学密宗学瑜珈的人，比三脉七轮的法则还要准确。如果不知道这个法则，你修的气脉，三脉七轮是没有用的！

修密宗的人有偏见，认为道家不如密宗。这个问题我花了几十年也解决不了，究竟是道家传到印度，再传回到西藏变密宗呢，还是印度的修持方法在周、秦这个阶段进入了中国，与中国文化融会变成了道家？现在没有定论。因为事出有因，查无实据，考据很难。至于说秦始皇那个时代，印度修炼成功的人早有来过。历史上记载秦始皇时来了两个西域的异人，个子很高大，秦始皇把他们关起来，又看见他们在外面逍遥，关不住的！文献没有写明这些人是否为比丘，反正不是比丘就是婆罗门教的人物。这证明周、秦阶段，中、印文化已经在交流，尤其是修道方面文化交流得很早。所以说，有关道家密宗究竟怎么样认定先后，还不敢断定。学术的立场要公正，不能有主观的意念。

不过，西藏密宗有一个奇怪的地方，当然这个可能是宋朝以后的事，西藏几乎没有中国其他的神，但是有关公庙，也有八卦图，这是很奇怪的。今天有一位朋友问："喇嘛与活佛有什么关系？"我说喇嘛是个称呼，等于我们称呼佛教的出家人是和尚，喇嘛就是出家人，和尚、法师是总代号。活佛呢？由唐朝开始经过中国皇帝封过的叫"呼图克图"，当然不要念成"糊里糊涂"。"呼图克图"翻译的意思是法师、大师、活着的佛，所以也简称活佛。并不是每一个喇嘛都是"呼图克图"，真正受过赐封为"呼图克图"的，宋、元、明、清一直到民国都有。国民政府成立以后，封过的没有几个。像章嘉活佛是受国民政府赐封的，他是蒙古人，西藏方面赐封的并不多，这个顺便一提。在西藏，许多喇嘛或者活佛会拿念珠卜卦，后来我知道，他是用《易经》的天干地支，所以就越看越奇怪了。

我们再查，唐太宗把文成公主远嫁给西藏王，陪嫁过去的有道士、儒生，都是全国选出来的精英。至于说土木工匠百工等等，也配备了很多同去，是这样开始文化交流的。这些道士到了西藏就在那里落地生根，道家的文化，当然在那里传下去，渐渐又变成另外一套。所以研究西藏许多的法则，讲气脉至少并没有离开道家的这个法则，这是站在学术的立场讲话。信宗教的人不大喜欢听这些话，因为宗教不免被宗教情绪影响，产生一些偏见，那也没有办法了。

我们现在的闲话好像与十二辟卦图没有关系，其实确有密切的关系。

阳火之始

现在我们只讲图，先做个初步简单的了解。在这个图中，先把最外圈的“阴符之终，阳火之始”八个字找到。再找到内圈的一个卦名是“坤”。坤卦的隔壁就是复卦，这个卦象就是“地雷复”（䷗）。画卦是先从下面画上来，下面三笔叫三爻，是内卦。复卦的内卦三爻是震卦（☳），震代表了雷，雷就是电，意思就是发电震动的作用。复卦上面的三爻是外卦，这三爻中间断了，代表坤卦，抽象的“坤”代表了阴，实质的代表是大地，这个地球土地。所以“地雷复”六爻整个的卦名叫复卦。复卦是坤卦与震卦的结合，也就是“地”与“雷”的结合。

讲到这里我又要说一个故事了，曾经说了很多遍。有一年一位美国的教授来访问，我们讲到科学。我说最近看到消息，你们美国很了不起，现在已经研究到打雷了，科学家总想有办法把雷装起来，是拿什么装我就不知道了。为什么？认为打了一次雷，地面上增加了几十吨的肥料。我说我们中国老祖宗早就研究过了。他说哦？中国有这个？我说雷啊，不是一种哦！有八种雷，而且又演变成十几种雷！他听了就愣住了——有这样奇怪的事情？“水雷屯，泽雷随，风雷益，天雷无妄，火雷噬嗑，山雷颐，地雷复……”每一种雷不同哦！夏天打的雷是在半空中下着大雨打的，那是“火雷噬嗑”（䷔）啊！每年春天第一声雷是“地雷复”，地下冒上来的。假如是海里头打的雷“水雷屯”（䷂），或者“火雷噬嗑”，就同肥料关系不大，最为重要的是那个“地雷复”。

“错综复杂”是我们现在用的一个惯语，实际上这四个字是《易经》的学问。这个卦我们正面看是“地雷复”，如果把这个卦上下倒转过来看，就成了山地剥卦（䷖）。上面这个震卦（☳）倒过来是个艮卦（☶），“艮”为“山”；下面这个坤卦颠倒起来还是地。这一种就叫做综卦，错综复杂。所以任何一个卦都有四面八面的看法，现象都不同。

复卦是什么

地雷复卦（䷗），为什么这个卦名称为复卦呢？你看啊，这个卦上面五爻都是阴爻，只有下面这一爻是阳爻；阳能在下面发动，地下打雷了。这个卦所代表的同我们学道都有关系。拿现代人的观念来说，就是宇宙万物都在放射，譬如这个桌子也在放射，手表也在放射，我们的生命也在放射，诸位也是在放射。太阳的放射被地球慢慢地吸收，复卦开始，地心吸收到的阳能渐多，所以冬天地心是暖的，地球表面上是凉的。冬天的井水，我们手摸进去是温的，夏天井水是凉的，外面是热的，这是地球的物理作用。所以到了十月是坤卦阴极，十一月的大雪是节，冬至是气。每月一个气一个节，节等于这个圆的地球在虚空中转动。气是什么？是地球本身内在的放射功能，太阳、月亮跟自然界的放射是配合的。到了十一月的冬至，是“一阳生”，最下面一爻由阴变阳，代表一个阳能开始生长，所以这个卦叫复卦，这个就是“冬至一阳生”的道理，因此我们过冬至就进补了。

算命根据的二十四气节，并不是用阴历，是用阳历啊！太阳星座准确得很。阴历是一个月三十天，每月的十五月亮圆了，所以我们本来就是阴阳合历。冬至这个“一阳生”不是生，是地球吸收太阳的热能进入地球的中心，冬至以前是收缩到极点的状态，“冬至一阳生”重新放射出来，地球的热能放射慢慢上升了。

在我们中国的律历有一个东西很重要，顺便提醒大家一下。讲到中国文化，譬如说每一部历史书上都有一篇很重要的律历，“律”是指什么呢？在这个图上“黄钟、大吕、太簇、夹钟”都是音律，同宇宙的音声、法则有关，也是音乐的原理，这个是“律”。一年三百六十五又四分之一天，这个是“历”，每个朝代规定的历不同。我们的“历”，每年以阴历十一月为子月，周朝就是以“冬至一阳生”这个月为岁首；殷商以十二月为岁首；夏朝的岁首是正月，就是我们现在过的正月。

年轻同学们注意！过去国家政治改变的时候，对于不投降者，有个名称叫做“不奉正朔”，就是不照你的律历来做准则的，这个也有很多的道理。每月初一为朔，因为夏、商、周三代不同，可是现在我们用的阴历正月过年，用了几千年很习惯，用在算命阴阳五行方面的也是夏历。

我们把这个表转过来看，一年有十二个节十二个气，叫二十四气节。到了十二月小寒是节，大寒是气。十一月这个卦是地雷复卦，十二月是地泽临卦（䷒），第二爻也变成阳了，这表示地球阳能从地球的中心又向上升了一点。所以“临”就是快要来了。拿地支来代表月份，子月就是十一月，丑月就是十二月。

一月泰 二月雷

现在我们再转过来看一月，月份的地支是寅。一月里立春是节，雨水是气，立春过后是雨水，要多下雨了，这是大陆中原气候。这个时候的卦象变了，下卦三个阳爻了，叫做“地天泰”（䷊），又叫“三阳开泰”。有人说“三阳开泰”是说过年要吃羊肉就杀了三头羊，哪有这回事啊！“三阳开泰”是地球的热能发展到地平面上来了，也就是阳气上升要到地面了。地在上，天在下，所以叫做“地天泰”。过年门口贴一个“三阳开泰”，不过这个阳字有时也写成羊，因为羊字在上古的写法代表吉祥的祥，所以正月过年也可以叫“三羊开泰”。

再过来就是二月了，卦名是“雷天大壮”（䷡），外卦是雷，内卦是乾，惊蛰是节，春分是气。什么是惊蛰节？二月外卦的阴爻第一爻变阳，只有两个阴在上面，四个阳在下面。阳气由地球中心一路升上来，到了二月阳能已经超过了地面，所以我们可以放风筝了。我们小的时候放风筝，没有过惊蛰风筝是飞不起来的。可是南方不一定，冬天也飞得起来。譬如大陆中原地区，鸡蛋在端午节才立得起来，在南方随时可以立起来。

第四讲

刚才我们讲到二月里的惊蛰，“蛰”这个字是执下面一个虫字，就是动物的冬眠。譬如蛇呀、青蛙呀这些小动物，到了冬天，地面上太冷不能生存，这些动物嘴里含了一口泥巴，就进洞去入定了。所以西方人把打坐入定叫做是动物的冬眠。冬眠动物不吃也不拉两三个月，要等到惊蛰节才出来。因为此时地球的阳能上升到相当程度了，地面上有阳气变温暖了，这不是靠太阳来的，是地球本身的阳能发出来的温暖。到了这个时候，所谓惊蛰一声雷，惊蛰的雷是什么雷呢？刚才我讲我们中国有八种雷，其实有十几种呢！这个二月的卦象是“雷上天下”，就是雷天大壮卦。阳能在外面，冬眠的动物就醒来了，把嘴里的泥巴吐掉，开始重新活动起来，所以叫惊蛰节。

我们乡下农村光脚种田的人，从田里回来，腿上莫名其妙红一块青一块肿起来了，因为踩到冬眠动物吐出来的有毒的泥巴。最好的治疗方法就是抓把土，混入人的口水，抹一抹就好了。

惊蛰后第一声春雷“雷天大壮”，地面上才适合农作，开始农忙了。在中国中原地区最准，惊蛰以前不适合农作。

气象 春秋

我们常常听朋友讲，气象台靠不住！其实不止国内，日本、美国也一样。有人写了一首缺德的诗，我只记得中间几句：“呼风风不至，无雨雨偏来”，预测不下雨偏偏下雨；“不如风湿病，风雨有准哉”，还不如风湿病的人，难过起来，知道明天就会下雨了，反而还准。实际上不怪气象台，气象台输入的信息是大气之中的东西，没有算进去地球本身的变化，而这个地球上的物理又绝对与天气有关，但是很难搞通。你懂了《易经》就知道难搞了。譬如一个省，你要分南部、中部、北部，都不同。就算是一个城市一条路的南面、北面、东面、西面，各有一个不同的太极。把地球本身的放射能量再配上大气物理，那就是另外一套学问了。

有时你还不如掐指一算，中国这一套，就像瞎猫撞到死老鼠，报个时辰算算看，凭心里的灵感求一下，有时反而准。这是个“气象台”，不是神通，也不是灵感，是根据《易经》这一套法则。但是这一套法则怎么那么灵呢？这个里头就妙了。学《易经》我们要记住孔子在《系辞》上的两句话：“变动不居，周流六虚”。这个法则是呆定的，但是应用起来要活。学《易经》不晓得活用那就完了，所以孔子把秘诀都透露给我们了。“周流六虚”，六虚就是东南西北上下；“变动不居”，应用起来不是呆板不变的。但是这个法则规律是呆定的，所以我们要先了解。

我们一年过得最舒服的日子在春秋二季。小的时候，老祖母都告诉我们，二八乱穿衣。就是二月、八月的时候，随便你穿吧，身体弱一点穿厚一点，身体好一点穿薄一点都没有关系。

我常常给同学们讲，孔子著《春秋》，写春秋战国几百年的历史，他为什么叫《春秋》，不称冬夏呢？春天是由冷变热，慢慢一点一点热起来。秋天是相反，夏天的热慢慢退掉，退到了秋天刚好凉爽，不算冷也不算热，所以春秋是持平的。不但气温如此，夏季白昼长，冬季白昼短，春秋两季的日夜长短也是持平的。所以我们讲“春秋持平也”，是个天秤。古今人物，对于国家社会有没有贡献，《春秋》在这个历史上持平论之，所以“春秋”是持平之论的意思。

六阳的上半年

三月间清明节这个阳气上升，五爻都是阳能，只有最上一爻是阴。这个卦名是“泽天夬”（䷪），这个夬字（音怪）是形容人有一点跛，脚不利便。实际上“夬”是有一些缺点的意思，因为阳太多，只有一阴。三月的气是谷雨。

再过来就是四月了。四月立夏是节，小满是气。地球到四月它所代表的是纯阳，六爻都是阳，就是乾卦。阳气升到了最高，所以我们要注意啊！到阴历四月阳历五六月，这个地球放射阳气升到了极点，感觉白日又长。我们年轻读书的时候最喜欢放暑假——“春天不是读书天，夏日炎炎正好眠。等到秋来冬又到，收拾书箱好过年。”所以一年都不要读书。

半年完了，这叫六阳上半年。我们先打个岔，阳能阴能一放一收，这之间代表了一年气候。一年分成十二个月，一个月有三十天，地球绕着太阳转，中间又加了一个月亮。一年太阳走多少度呢？从地球看太阳在虚空移动，简单叫行度，在中国天文书上叫“躔度”。一年十二个月，共有三百六十五天又四分之一，多的四分之一天，摆在闰月、闰年、闰日，是这样分配的，这个里头就很复杂了。我们几千年史书上专门有一篇叫《律历志》，从唐朝乃至到我们最近清朝的《清史稿》都还有。尤其清朝经过康熙亲自参与编制，改进很多。康熙皇帝很用功，自己又爱读书，拉丁文、梵文、蒙古文、满洲文都会，又学过术数，数学也很高，天文、历法、数学他都会，所以这个律历是他下令由学者一起整理过的。现在有些风水的书都要以康熙整理过的做标准。当然这一两百年来没有整理，现在又需要整理了，不整理的话这个天体运行的计算会有差度的。

一年十二个月，一月三十天，五天一候，三候一节，六候一气。所以一个月当中有一个节一个气，一年有七十二候，二十四个气节这都是呆定的，这是一年。再讲一天，一天有十二个时辰，这个时辰的代表就是十二辟卦图的中间空心往外数到第四圈。四月是巳月，五月是午月，这些是“子丑寅卯辰巳午未申酉戌亥”十二地支。这个地支在一天的代表就是时辰。我们注意，下面研究到《参同契》有一个字，“簇”年为月，“簇”月为日，换句话再加一句可以讲“簇”日为时。这个法则是呆定的，用起来是活的。我们一昼一夜，十二时辰就是十二辟卦所代表的。一年的法则可以同样运用到一个昼夜，昼夜之间太阳从早晨出来到晚上下去，这个运程变化是地球在自转，使得地表的一半是亮的一半是黑的。这个地球的光明和阴暗，影响了地球上物理的生命法则，影响到我们人的生命。

医病的法则

我们人自己以为了不起，可是在地球的立场来说，我们像是地球表面上的细菌，我们的生命自然要受地球宇宙法则的影响，所以修道人讲究时间的配合。学中医针灸的同学，更要注意人体的气血流行，因为气血流行同十二经脉配合，与时辰的变化法则一样。学针灸有一本《子午流注图》，就是特别注意十二时辰的血脉流通，把天地的法则与人体内部十二经脉的运行，配合诊断。

针灸同中医是相连的，不是分开的。我常给同学们讲，我不懂，我只把学理告诉你们。古代中医讲“一砭二针三灸四汤药”，属于四个大的医治手法，诊断病情是“望、闻、问、切”。

望，是看病人走路的姿态，注意他的身材，看他的体质个子，然后观察面上的气色，就晓得病在哪里；闻，是听他讲话的声音，譬如感冒了，声音变了，鼻腔的音出来了，身体里头有其他的毛病，音声都会反应。情绪激动，个性急的火气大，就要注意他肝功能了；望、闻之后才问，他说感冒了，可是他是运动家或者是练拳的，你下药的成分就不能那么轻了；如果是坐办公室的，背又是驼起来的，弱不禁风，药就要下轻一点，否则他受不了；切，最后把脉，才把这个病因、病灶、病状找了出来。

砭，我们这个刮痧拔火罐都属于砭，就是这个病尚在表皮时，治疗就容易好。不好的话，晓得这个病已深入，就要下针了。针不好时，晓得更深入了，就用灸了。古人用姜片在上面烧艾，拿现在观念勉强讲像电疗，但同电疗不同。艾是通气，把那个热能逼进身体经脉里头，把病赶出去。灸再不行，病已进入腑脏到肠、胃、心、肝、脾，就只好用中药了。所以这一套程序是分不开的，“一砭二针三灸四汤药”。

我小时候最会生病，六岁到十二岁是药喂大的，什么病都生过，所以对生病非常有经验。帮我治病的那个老先生很高明，问几岁啦？哪一天什么时间开始发这个病？都与十二经脉有关。他不管你头痛不头痛，先找病的来源，一天看不了几个病人。

有一次他帮我开了药还不回家，连第二服药他也开好，吩咐两服药统统要煎。先告诉你第一剂药吃下去，一个钟头后会难过得打滚，会吐的。吃下去后真难过得打滚，家里人也跟着慌啊，又不敢说。他就坐在前面，瞪着眼睛看着你，任你疼得叫死了，他也不管。后来我知道，他比我这个生病的人还紧张。看着你，哇！吐了！他把烟筒放下，知道药用对了，所以换第二剂下去。然后放心了，洗洗脸才回家去。

中药店以前是没有礼拜天的，过年有病人叫门，如果不开门抓药，地方上的人会打这中药店的。现在不同了，又有礼拜天，又有礼拜六，等到礼拜一才能生病。所以我们要年轻人了解我们中国文化，这些你们都看不到了，我都是亲身经历过的。

所以学中医对于这个十二辟卦要懂得。这个“簇”字就是拿这一年的法则串成一个月，一个月的法则串成一个时辰。讲到人体上应用，也是子时，每人的身体不同，所发动生命阳能的子时也不同。一定的法则，不一定的时间。

二至 否泰

刚才讲到六阳上半年，现在继续下去就是乾卦以后的五月天风姤卦（䷫），五月芒种是节，夏至是气。“夏至一阴生”，阴起来了，所谓一阴生是什么道理呢？我们拿现在观念来说，地球放射功能此时达到了极点。夏至以后太阳又开始向南，太阳能的放射对北半球渐减，这就是阴生。夏至也叫做“长至”。我们读古人的诗词文章见到“长至为某某兄写了一首诗”，就知道是那一年的夏至，这一天是一年中白昼最长的一天。五月地支排到“午”，就是我们吃端午粽子的午月。端午、中秋、七月半这些都是民间风俗的节日，不属于二十四气节，因为是民间风俗，我们也沿用了千多年。

这二十四个节气，是中华文化，甚至说是东方人宝贵的文化遗产。一讲夏至，民间在生活习惯上要注意什么呢？夏至一阴生，潮湿起来了。尤其是住在南方，五月开始梅雨天，老式的房子发霉了，有些旧房子里头香菇都长出来了。香菇木耳都是腐烂木头上长出来的，因为它是阴中之阳，所以白木耳有补肺功能。

夏至不久就是六月了。节气有小暑、大暑。六月是未月，二阴生了，卦名叫做“天山遯”（䷠）。外卦是“天”，是纯阳，内卦“山”，二阴了，内在的阴气慢慢盛起来。

“遯”者，阳气在里面慢慢收缩了，阴气盛了谓之“遯”。

七月是申月，立秋是节，处暑是气，卦是“天地否”（䷋）。否的对面就是泰，正月“地天泰”是好运气，七月“天地否”是坏运气。讲到这里我岔进来一个故事，当年讲到《易经》，有同学提出来问，老师呀，这两个卦名好怪哦！“地天泰”，地在上，天在下，是泰是太平；天在上，地在下成了否，就糟糕了。天在上地在下才应该是太平啊！我说这就是哲学呀！如果天翻地覆都没有了，不是天下太平嘛！也没有你也没有我，也不要吵架了，也不要来听课了，大家睡大觉，就是泰了。“天地否”，天地开辟了以后，人生才那么多事嘛！你说这是笑话吗？并不一定是笑话，有道理的。阴在内阳在外，外表看是很好，但是内在阴气就是糟糕的、坏的，是不好的。所以“大地否”的意思，就是立秋之后处处有阴气。

到了八月白露、秋分，内在阴气更进一层了，四爻都是阴，外面只剩两爻是阳了，叫“风地观”（䷓）。外卦是巽卦，巽为风；内卦是坤卦，坤为地。你们研究哲学、宗教的要注意！文王、孔子，在这一卦提出来宗教的定义——“圣人以神道设教”。这一句话多去研究研究，就懂得宗教哲学了。宗教是人为造成的，所以圣人以神道设教，就是教育的一环。这是讲“风地观”顺便提到，你们搞宗教的同学们注意！

至日闭关与奇门遁甲

佛家道家打坐练工夫叫做闭关，这个闭关也出在《易经》上——“先王以至日闭关”。注意呀！“至”就是冬至和夏至。“至日闭关”这句话，如果老师们不传，谁也读不懂那些书。我是吃过苦头的，很不愿意你们也吃苦，所以我知道了就告诉你们。奇门遁甲大家都想学，学了呼风唤雨，撒豆成兵，不做个诸葛亮也做个诸葛暗啦！这些学问都很高深，没有那么简单的。像奇门遁甲，八卦不搞清楚，什么阴遁、阳遁，都是迷惑！很难懂。我这个头脑不喜欢数学，学得很痛苦，了解以后我就把它丢开，知道了就行了。我有个好胜求知心，不知道的一定想知道，知道以后就算了。学奇门遁甲有一个口诀：

阴阳顺逆妙难穷　二至还乡一九宫
若能了达阴阳理　天地都来一掌中

“阴阳顺逆妙难穷”，阴阳顺逆倒转，这个中间的巧妙，就是宇宙法则妙难穷，你永远搞不通，只讲第一二句就把我考倒了。一直认为自己读书很聪明，不料被考倒了。“二至还乡一九宫”，糟糕！我一宫都不宫，一个房子都没有，哪里来个一九宫啊。这还不讲，“二至还乡”又怎么说呢？问起那些算命卜卦看风水的，不懂。有些懂的人只是笑笑，因为学这个口诀要磕头拜门。有些人看看他的模样，万一是旁门左道总不大光荣吧！就不肯拜，不肯拜书就读不懂。什么“二至还乡”？其实就是冬至夏至一阴一阳、一顺一逆回到那个本位。

“二至还乡一九宫”，一是阳数的开始，九是阳数的极点，一始一终这可不简单了。这四句话最诱惑人，但是我现在这样一讲，就算你们都懂了，可是你天地也拿不到啊，不是那么简单的！这一句话只是告诉你法则，阴阳顺逆的确是妙难穷，你真懂吗？所以我们现在先要解释二至，冬至和夏至就是一顺一逆。《易经》有句话，“先王以至日闭关”，这是中国古代文化。一个人闭关，每天一样，每月也一样，到了那个时候就要清心寡欲，斋戒沐浴，就是打坐修行了。拿佛法来讲，就是六根六尘都关起来叫做闭关。“至”是一阳来复的时候，或者一阴初生的时候，如果这个时候把握住天地法则，你打坐一个时辰，也就是两个钟头，等于你坐三个月的工夫。当然这是吹嘘一点的，是鼓励性的，但是把握时辰打坐的话，功效绝对等于你多坐几次是真的。

所以说“阴阳顺逆”，用在这一面也要知道。有人问每天子午卯酉时，有人说要打坐，有人说不可以，答案是当然可以！这是我们讲到观卦补充提到的，我们简单地把两卦报告完了。

借东风之谜

到了九月，寒露是节，霜降是气，是山地剥卦。这时因阴气的剥削只剩上面一点阳气了。念到《易经》这个卦，想到古文《李陵答苏武书》：“凉秋九月，塞外草衰”，就是这个剥卦的意境。

再过来就是十月了，是个纯阴的坤卦（䷁），节气是立冬和小雪。天气冷了，但是十月不算最冷，真冷还要到下个月。十月在阴历来讲是立冬，又叫做小阳春。所以每年十月北方，在冷的时候一定有个几天，大概三天，当中会转成暖的，虽然不像春天般暖和。这个是在哪一天呢？十月有三十天，是初一到初三呢？还是二十到二十三呢？每一年不一定。冬天是吹西北风的，但是十月小阳春可以在这三天当中转为东南风，东南风一吹就转暖和。

诸葛亮借东风就是在这个时候借的，你核对历史就晓得周瑜被诸葛亮骗了，他骗周瑜会借东风，他不过把《易经》十二辟卦学通了。他懂得天文，告诉你不要担心，等几天我帮你借。他算定了小阳春时会吹东南风，他已经很笃定了。

曹操赤壁之战败北后，回去夜里关在房中看书，忽然跳起来大笑，大家问丞相你五十万大军打得光光的，高兴个什么？曹操说我现在弄懂了《易经》上两句话“先甲三日，后甲三日”，“先庚三日，后庚三日”，这个配合天干地支一定是小阳春转成东南风。曹操虽懂，可是《易经》没有学精，他想大概没这回事，十月一定吹西北风，所以不怕诸葛亮。诸葛亮比他理解得透彻，所以这两个人，一个是硕士班的，一个是博士班的。

第五讲

占卜与神通

干支 阴阳 消息

乾坤 天地

坎离 日月

干支 气血 点穴

占卜与神通

这里有人提出来两个问题，说佛家有一种木轮占法，可以占卜善恶。其实木轮占法只是一种，佛家还不止这一种卜卦的方法。现在他问这一种方法，同上星期讲到的《易经》的“三易”这个法则有没有关系？这是第一个问题。第二个问题，像木轮占法等等，如果灵的话，是不是同上次所提到的《易经》法则的灵验是一样的道理？

这个问题，我想问问题的人已经自己答复了。所谓占卜，占是占，卜是卜。占卦是另外一种方法。在我们的上古文化里，卜法有很多，有用各种各样骨头来卜的方法，譬如牛骨、鱼骨、鸡骨等。占，是拿数理来推测的，后来就发展成筮法，用蓍草以算数理的方法来推测的。所以占是占，卜是卜。卜的东西比较多，现代考古学可以找到很多证据。譬如刚刚有一位朋友拿本书给我看，写的是我们中国的少数民族瑶族、苗族文化传统占卜的方法，他这一本书上正好提到瑶族用鸡的骨头来卜的方法。所谓卜卦，乃至到庙子求签，这些都是人为的。

《易经》的道理，天、地、人谓之“三才”，上是天，下是地，中间是人。我们人生的价值是什么？人生的目的是什么？依中国传统观念就是“参赞天地之化育”。这句话上面并没有写一个人字，但是谁在参赞天地之化育？当然是人。天地有没有缺陷？有缺陷。人的智慧可以弥补天地的缺陷，所以“参赞天地之化育”是人的价值，人的智慧的价值，人的能力的价值，所以不要轻视了人为。

我常常跟一些好朋友说笑话，我说你盖个庙子嘛，我给你负责作一百首签诗。签诗很好作，也最难作，因为签诗的话全都不着边际的。过后一看，真灵！坏的一看也对，好也对，不好不坏也不错。

卜卦这些道理都是人为的，这是人的智慧，所以人修养到最高处就有神通。这些卜卦、算命等等都叫术，所谓术就是方法。在我们中国旧文化里头，有个名称叫术数。普通说佛家所讲的神通有五种，一是“依通”，是靠卜卦等等这种术数，或靠一个法则，靠一个数学的统计，而知道一切事。譬如看相有时候看得很灵也是依通，是依靠身体五官来判断。另一种是“鬼通”，就是给鬼迷住了，也可以说这个人有神经分裂，精神病，属于鬼病的一类，可能有一些预知能力。三者是“妖通”，妖怪的妖。四是“报通”，这报通是生来就有的，前生有修持的人，这一生有些眼睛能够看鬼，心里能够预知一些事情。我过去有几位朋友，天生就有报通。在抗战时有一位朋友，他是名画家也是个大学教授，我们在重庆、成都经常在一起，日本人飞机来轰炸的时候，我们跟他跑警报。他一看，哎、哎，这边不要躲，好多断了手、断了头的鬼；那边好，少一点。他只讲少一点，没有说哪个地方没有鬼，在他看来满街都是鬼。他说这个鬼，越闹热的地方越多，冷清的地方少，他说鬼也爱闹热，同人一样的。他也不信什么教，可是就看得见。大家熟朋友们邀他出去，先吩咐他，你到那里不要做怪相啊！他坐在你家客厅里，突然做个怪相……大家都吓死了。这一类的人报通是与生俱来的。还有第五种是“修通”，是打坐修定，学佛修道，修成功发的神通。

其实所谓神通，是人的生命精神本有的功能，是智能的成就，但不一定是得道的智慧，这个是有差别的。得道的智慧无所谓神通了，连神通都不用了，等于没有了。这是答复刚才这个问题，我想这个问题没什么重要，大致如此。所以我经常告诉大家学《易经》，不要求未卜先知。你们也不要学这些，一个人真有先知之明，活着岂不是很没有意思！最好是糊里糊涂地活着。先知之明的人今天晓得明天的事，又晓得明年的事，这个人还干什么事呢？不要干了。我们晓得明天上街会撞车，就担心起来，不敢出门了。所以先知并不好！古人说“善于易者不卜”，真把《易经》学通了的人不卜卦、不算命、不看风水。同时古人也讲过“察见渊鱼者不祥”，一个人能够精明到把水渊中的鱼都看得很清楚，那是不吉利的。头脑这样用是会坏的，所以还是糊涂一点比较好。换一句话说，得先知的人，能知过去未来是不吉祥的人，是不吉利的人。你看那些所谓呼风唤雨能知过去未来的大师，你查他一生，他又成就了什么呢？他虽能知过去未来，那他自己呢？他的过去未来也不过给人家算命而已，所以用不着的啦！这些道理我们要懂。

干支 阴阳 消息

我们上次也曾从子月开始讲，一年十二个月有十二个代号：子丑寅卯辰巳午未申酉戌亥，叫做十二地支；天干有十位：甲乙丙丁戊己庚辛壬癸。算命、看相、看风水都要用到的。古人解释，所谓干就是树干，这一种解释我不大同意。再查古书上，我们“干支”两个字非常有道理。天干是由五行的金、木、水、火、土变化出来的。太阳系统的金木水火土五大行星，加上日月，在古代天文学叫做“七政”。我们小时候读《幼学琼林》要背的，“日月五星为之七政”。

子月就是阴历十一月，它的节是大雪，气是冬至，卦象是复卦(䷗)。“冬至一阳生”，冬至是月中，所以一阳生就是中气开始。这个“中”字就要注意啦，中究竟是哪里？天上的中心，还是地下的中心？在我们身体是哪一个地方发动这个阳？譬如密宗讲中脉，道家认为冲脉就是中脉，不过修密宗的人不承认道家讲的冲脉就是中脉。这是意气之争我们不管，我们站在学术立场了解，它应该是一样的。地区不同民族的文化不同，代表的名词也不同。所以在中医这个中脉叫冲脉，冲脉是简写。

这个冲脉同中气很有关系，我们提到这个中气，就要注意卦象，卦的阳爻是一横，也就是一点，代表这个生命一个阳能，向外发展叫做上升，收缩回来叫做下降。一升一降、一收一放是讲物理的现象，在生命就是一生一死，在学理观念里头就是一消一息。“消息”两个字出自《易经》。什么叫

“消息”呢？这些观念为什么要啰嗦地讲？这同我们修道做工夫有关。譬如十一月冬至一阳生，阳气生命能刚刚成长，到十二月二阳上来地泽临卦，到正月三阳开泰，泰卦(䷊)，看到的是阳气的成长上升。

看到一个婴儿刚生下来，我们很高兴。可是《易经》的道理，这个叫做消，消就是慢慢用，直到用完为止。依庄子的道理，生的那一天就是开始死亡的一天，所以生下来是在等死。就算是活了一百年、一千年，“不亡以待尽”，不过是在等最后一天的到来，所以生命的过程是消。那么死亡了以后，是真的没有了吗？不是没有了，那叫“息”，休息去了，休息是充实充电，所以息的时候不是没有生命。我们习惯了把消耗、活动的时候当成是生命，不知道那个息，表面上看到的是死亡，实际上是在充电，是新的生命正在开始。所以叫一消一息之间，换一句话说是一动一静、一善一不善、一是一非等等。

这个我们了解了以后，十二辟卦从子月开始计算，走一圈到阴历的十月，就完全变成纯阴之体，纯阴的卦是坤卦。这个过程就是一消一息之间，代表了这个天地运行，以及生命运转自然的现象。这十二辟卦的作用，十二个图案就是两个东西，以一阴一阳两个为代号。一个是阳能一横，代表了生、生命、生发的力量。在《易经》里有个专门名字叫做“爻”。一爻中断的就是阴爻，不中断的就是阳爻。就是这一阴一阳，说明宇宙之间的相对性，也就是两个相对的力量。这不是爱因斯坦的相对论啊！这是《易经》的相对原理，讲宇宙一切万有生命相对的作用。常有许多年轻人学《易经》，以为同爱因斯坦的相对论一样，不要乱扯了，是两样！爱因斯坦的相对论，我说他有些道理，但是不一样。不用把科学拿来给自己撑门面，也用不着把老祖宗跟近代人爱因斯坦排排站！如果说老祖宗的学问同爱因斯坦一样，等于说祖父长得跟孙子一样，这是不通之论。

宇宙间有一阴一阳，就是两股力量。我们的动作也好、说话也好，任何生命都有两个作用，这两个作用是生灭的，消息的，所以《易经》讲消息，就是佛学讲生灭法。有成长就有衰弱，有衰弱就有成长，一边高另一边就低了。那你说一个高一个低不能均衡，这个宇宙岂不就没有均衡了吗？说这个宇宙有均衡的话，是假定的，那是形而上的，也要看你如何定义均衡。形而上是不是这样？不知道，暂时不管。

乾坤 天地

这个一阴一阳在宇宙的作用由两个符号代表，就是乾坤两卦。《周易》的乾坤两卦，乾代表天，坤代表地。讲到这个“天”字，在我们中国文化里头可以有好几层意思。所以读古书读到这个“天”字非常麻烦，有时候同一个句子，这个“天”字出现两次，第一次讲的天是形而上，理念世界的天，是个代号；第二次是讲物理世界这个天体的天。有时候这个天就是西方哲学家本体论的概念；还有一个天，性理上的天，是把理性两个字倒过来，就是我们说天理良心这个天。这不是有太阳月亮的天，也不是上帝住的地方，这个天是在我们自己的心中。所以这个天，在同一个句子里就有不同的意思。在《周易》里头的这个天，首先是代表自然界的天体，可是有时候又用到性理方面，有时候又用在形而上的本体方面。

现在看乾坤两卦，每卦三画。这两卦三横的画法，在唐宋以后有一个名称叫做先天卦，只有三爻。把三爻卦再加上三爻，就叫六爻卦，是后天的用法。为什么先天卦只画三爻呢？等于老子说的一个道理："道生一，一生二，二生三，三生万物。""三"以后不谈了，已经发展到不晓得多少数了。所以先天卦也只画三爻。

六爻卦是后天的用，讲到后天的用，这里有一个奇妙之处，《易经》讲宇宙一切法则，它只画到六爻，没有第七爻了。但是古人将第七层叫做游魂卦，第八叫归魂卦，这个很有意思的。我们人类的文明到现在为止，不管是宗教、哲学、科学，你看没一个东西到过第七位，只有六位。你看化学的公式化出来只有六位，第七位那个东西是死的。所以我们的老祖宗当年就知道，宇宙之间一切的应用法则只到第六位，第七位变了，到了第八位是归魂返本还原。虽然是还原，但与原来还是不同，已经变了，所以叫归魂卦。

坎离 日月

说了乾坤二卦，再讲坎卦（☵）跟离卦（☲）。坎离两卦也是画三爻。坎离两卦代表什么呢？离卦代表太阳，代表火，也代表热能。在人体上，离卦代表眼睛，代表很多了。坎卦代表月亮，代表水，在人体上是代表耳朵，甚至代表肾，都是代号。

乾坤代表天地，坎离代表日月。韩国的国旗图案就是这乾坤坎离四卦，也非常有意思。我们晓得周武王革命推翻了暴虐的殷商纣王，然后建立周朝。商朝的贵族箕子是纣王的亲戚，他带着中国的文化逃到了现在的韩国，保留了一部分中国文化在那里。这是一段历史渊源，顺便交代一下。

现在我们看这个坎离两卦，坎离是乾坤卦中间一爻变动来的。刚才讲到中气，我们说一件事情要变化，是自己心里头先动了念，中间中爻一动就变了。乾卦的中爻一动，阳爻就变阴，变成离卦，叫做“离中虚”（☲）。如果画一个圆圈象征太阳，太阳那么亮，太阳里头有一点黑点，就是那个阴。所谓离中虚，是指阳中有至阴。这是拿中国文化解释太阳，不是用现在科学讲《易经》的物理观、宇宙观。太阳里头有黑点，这一点谓之“至阳当中有至阴之气”，是中气。乾卦的中爻一变，就变成离卦，所以太阳是代表天的乾卦变来的。

坎卦是坤卦变来的。坤卦的中爻一动，阴极就阳生，变成坎卦（☵）。坎代表月亮，我们的古人早就知道，月亮本身不能发光，它是吸收太阳的光能而反射，才有这个光明。坎离两个卦分别是阴中有阳，阳中有阴。

因此《参同契》头两句，“乾坤者易之门户，众卦之父母”，这是《易经》的关键所在，是入门之处。第三句话，“坎离匡廓”，这个天体空空的，中间有两个圆球在转，一个月亮（坎）一个太阳（离），变化出来万有的生命。中国的文学有时候称太阳跟月亮为双丸，像两个弹丸一样在转动。这个天地的运行，地球的转动，就靠太阳、月亮推动的力量。“运毂正轴”，是像车轮子一样在这个太虚、在这个宇宙里头转动，有规则地动。而且它的中心一定是中正，等于车轮那个轴心一样，不能歪的。

在十二辟卦的十二个月当中，半年属于阳卦，“冬至一阳生”，阳气在上升就是刚才讲的“消”。半年属于阴卦，“夏至一阴生”，阳消阴长是“息”，阳气阳能慢慢向地球中心回收来休息了，这个是息。一消一息之间好像是两样东西，实际上就是一样东西，我们拿现在观念讲就是生命能。能把握到这一股生命能，就可以成仙成佛，超凡入圣了！现在只拿坎离两卦做例子，太阳月亮的运行法则，说明宇宙有个总的生命能，就是一消一息之间那么转，形成了一年十二个月，四季春夏秋冬的现象。实际上一年没有四季，只有二季，就是一冷一热。用阳代表热，春天是热的开始，到夏天是热之极；“阳极阴生”，秋天是冷的开始，所以凉爽，到了冬天是冷之极。这就是一阴一阳的来往消息。

干支 气血 点穴

这十二辟卦再用十二个地支来做代表，天干是天的干扰，地支则是地球本身的放射，支持自己的生命能转动，天干地支之间变成两重活动。古人讲：“天道左旋，地道右旋。”一正一反，所以我们看到太阳东边上来西边下去，好像太阳是围着地球那么转，实际上是地球永远向一个方向转的。天道左旋，地道右旋，两个方向不同在转。把它缩小时间，十二辟卦就对应一天十二个时辰。

时辰是中国古代的说法，一个时辰等于现在两个钟头。十二辟卦中，一天的子时是夜里十一点起到凌晨一点钟，这两个钟头是子时。转过来中午十一点钟到下午一点钟就是午时。十二辟卦的时间代表一天十二个时辰，太阳月亮与人体生命是有密切关系的。譬如我们晓得武功里头有一门点穴，武侠小说描写用指头一点，这个人就站在那里不能动了。

点穴不一定是用指头，如果用指头点穴，这个指头就要练成铁棒了，骨节都粗起来，会武的人一看这人的指头，哎呀，小心会点穴的！普通是用拳来点穴的，也有用脚尖来点穴的。点穴的人非要记住十二个时辰不可，我们人体的穴道，哪个时辰气血刚刚通过，点穴把这个关键的地方一堵塞，就把人体气血的过道闭住了，就是这个道理。所以听说有些朋友一下子死了，我问怎么死的？没有什么，他就是扭了一下而已。在我的观念，他当时扭撞的地方，恰好是气血正通过的穴道，他本人只觉得轻轻碰一下，年纪大的人气血衰了，虽然只轻轻一碰，却像钟一样停摆了。

所以人体的法则，在一天之中与时辰的关系一定要知道。中国道家讲修道、打坐、做工夫，子、午、卯、酉四个时辰非常重要。子时与午时刚才说过了，卯、酉就是早晚五点到七点之间。有些人传说，子、午时不能打坐，会走火入魔，把人吓死了。又有些人专门劝人在子、午时打坐，所以搞得中午饭也不敢吃，夜里不敢睡觉。子午打坐有没有道理呢？非常有道理，这是我们先民老祖先们，根据自然法则安排起居饮食，太阳一下山就睡觉了，睡了差不多五六个钟头，正子时醒来了，半夜正好打坐。顺其法则，日出而作，日入而息。我们现在昼夜颠倒，所以子时同午时就要活用了，不能死照这个法则。照这个法则并不是不对，效果是不同的。道家有个法则叫“子午抽添”，子午两时辰做工夫是抽添，卯酉两时辰打坐做工夫叫做“沐浴”。“抽添”跟“沐浴”稍稍不同。

第六讲

沐浴的人
子午卯酉的作用
采补 夺舍
日月精华与月轮观
剑仙的话

沐浴的人

刚才讲到用十二地支对应的一天十二个时辰，就是二十四个小时。每一分每一秒，这个天地宇宙万物都在变。我们学《易经》要懂这个道理，宇宙、天地、万物、人事，没有不变的。在佛学叫无常，无常是讲他的原则，不永恒叫做无常。《易经》讲的法则是变，一切皆在变化，没有不变的事。《易经》也告诉我们，一切的变，都是渐渐地变，不是突变，突变是不可能的。我们人看不清楚，认为宇宙间有突变的事，因为对前因后果不了解，感觉是突变，实际上都是渐变而来。

宇宙、天地、万物必变，所以人、事、物理一切皆在变动。因此诸位学打坐的，觉得有时境界很好，或者是放光了、动地了，下一刻你既不放光也不动地。所以它必然要变的。变不是坏，是变了一个现象，懂了这个道理，你可以修道了。有时说现在很清净，等一下算不定很烦躁，也是必变的法则。所以我们每一分秒都在变，都是配合宇宙变的法则。道家告诉我们，要把握这四个时辰，子午卯酉，也叫“四正”，四个正的时间。我们画一个十字，上下左右就是四个正。其他的叫四隅，四个斜角方向，一共是八方八卦。

这个四正时间用处又不同。子午抽添，抽就是把东西抽掉，把它减少；添就是增加，把它加上去。卯酉这两个时辰沐浴，沐浴就是洗澡。讲到这里我又要岔进来一个故事。当年年轻喜欢四处访道，我曾碰到一两个奇人，这都是亲身经历，向诸位报告，作一个参考。

那时在湖南有一个学道家的，一天洗四次澡，以前家庭的卫生设备不像现在，每一次洗澡要热水好麻烦。好在他家里有钱，他早晨跟晚上一定洗澡，每次要泡个把钟头。他修道就是卯酉沐浴啊！这个人当年是六七十岁，望之如三十多岁的人。他的仪表很好，气象也很光润，后来我想想那是洗澡洗出来的（众笑）。他用这个工夫对不对呀？那也是卯酉沐浴，不过做到外表去了。

还有我在峨眉山闭关的时候，来了一个修道的人，这个人跟庙子的当家师吵架吵得很厉害。原来峨眉山用的水，有些庙子是靠下雨靠雪融化积存起来，水池子有我们这个房子两倍那么大，很深，聚藏的水要用上半年。可是这位修道的老兄，每天要卯酉沐浴，他先跳到厕所里洗澡——大陆上当年的厕所是个大坑，他要跳进去洗澡，不晓得嘴巴露不露出来（众笑）——洗完了以后再跳到清水池里洗澡。和尚们拼命拉住他，他就跟和尚吵得一塌糊涂，后来吵到我这里来。我正在那里闭关，我问他："你是不是遂宁人？"四川遂宁当年有一个有名的法师叫疯师爷，同济癫和尚一样疯疯癫癫，是有神通得道的。我们当年要去访疯师爷，不要说拜他为师困难，你连找都找不到他。不过他经常坐在厕所，他的禅堂在厕所，不是现在的厕所，是当年那个茅坑，臭得不得了！疯师爷就在这茅坑边上打坐，你要拜他当徒弟要准备在厕所跪上三天三夜，不怕臭不怕脏。可是当时我就做到了，我晓得他有道，我把他蹲的厕所当成极乐世界，跪不了两个钟头，他跑过来找我了："起来，起来！"他那时又不疯了。可他没有收我做徒弟，我也没拜他为师，不过很敬仰他。

所以我就问这个学道的人："你是不是疯师爷的徒弟呀？"他说："是呀！那是我师父。"疯师爷的师父叫癫师爷，一疯一癫（众笑）。我说："是吗？你师父是我朋友啊！"我先把资格摆得老老的，也是真的，我没有说假话。虽然我跪他，但没有拜他为师。我说疯师爷他可不教人家这样啊！据我所了解，他走的是正路的佛法。他装这个样子，是要拜他做徒弟的太多了，他烦得很，就故意搞得一身脏。所以大多数人怕脏爱干净的，就不敢找他了。我说："你不要冒充，我问你为什么跳到厕所里洗澡？"他说："庄子说道在屎溺。"我跟他讲了半天，后来总算把他说服了。你看讲到卯酉沐浴，我亲身经历，再加盐加醋就是很好的两篇小说。这个世界的人物，有很多有趣的故事。

子午卯酉的作用

实际上子午抽添，卯酉沐浴，讲老实话不是这个道理。但是配合宇宙法则打坐是对的，子时同午时真有作用。我曾经做了一个科学的实验，这里有一位科学家朱文光博士，他把金字塔的图案尺码弄来，用金纸做了一个金字塔模型，完全依照尺度比例制作，差一点都不行。如果戴在头上打坐，身心都特别定，是真的。他说国外曾经做过实验，把这个纸做的金字塔做得小小的，夏天最热时把一块新鲜的猪肉放在金字塔中，不要冰，一个礼拜后猪肉拿出来也不会臭。这个是什么道理？很难讲。假使刮胡子的刀钝了，刮不动了，把它摆在金字塔的正中间，一个礼拜拿出来，刀又可以刮了。所以我跟朱博士讲，你做些帽子卖，专门卖给人家打坐的（众笑），一打坐就得道。他光说不练，到现在一顶帽子也没做出来。这个事就是说明宇宙间的自然法则同人体有莫大的关系。

所谓子午抽添，子就是在添，你自己不用再去添它啊！子时就是复卦，你夜里十一点钟开始打坐，阳气自然上升，这是依自然法则。以前的人晚上六点钟睡觉，睡到半夜子时醒了嘛，子时醒了阳气正在上升，这并不是地球影响你，而是人体内的自然法则，并不是说太阳地球特别照顾你啊！我们人体生命运行的法则同这个法则一样，你照自然的法则生活，到子时阳气一样升起的。所以子午抽添，子时阳气上升，就是添的时候。你让它自然上升，不用管它。但是你要注意身体上，譬如说气脉发动了，这就是添。气脉发动也同这个层次一样，一步有一步的工夫，一步有一步的境界。我们引用《心经》上的话，“照见五蕴皆空”，你就照着它，由它自然添长。

我们到了午饭过后，人有一点闷，想睡觉，因为阴气生了，就是自然在减。减的时候你不要硬把它拉回来，你只照住它，让它清净，好像要睡眠，其实并不一定睡着，只是顺其自然。这就要做到“顺天者昌，逆天者亡”。这个天并不是宗教，是天地自然的法则，生命的活动配合宇宙的法则规律，就是顺天者昌。违反了，那自找麻烦，自找短命，就是逆天者亡。可是我们现在的生活都是昼夜颠倒，都是“逆天者亡”啊！所以这件事，只能说子午绝对可以打坐的，但是这是一天的子午，我们还没有说代表一生的子午，将来再说。

怎么叫卯酉沐浴呢？不是真地去洗澡，而是我们学佛的道理，要你放下、清净、不动念，身心内外才有无比的宁静、安详之感，这就是沐浴的道理。所以卯酉两个时辰打坐，清净自在；不是刻意去清净，你真要造一个清净，已经很不清净了。这是我们看到道书上“子午抽添，卯酉沐浴”的一个原则。诸位要注意啊！我所讲的只是我的意见，提供给诸位参考，我可没有道啊！我是教书的，吃开口饭的，对与不对你们自己去研究。

采补 夺舍

因为道书有“子午抽添，卯酉沐浴”，就有许多人认为子午抽添是道家的旁门左道，叫做“采补”。采补是一个道家的名称，你不要听到采补就害怕！什么采阴补阳、采阳补阴，没有这些鬼话！采补有很多，道家的采补有采日月的精华。这个方法，并不是邪门，而是一个很好的方法，是个大采补。采日月精华的修炼方法就很多了，这个里头又分得很细，所以修道这一条路很艰苦，不是你以为的优哉游哉。采太阳的精华，每月只有阴历初一、初二、初三，初四、初五就差一点，勉强可以用，过了五天就不能用。万一碰到初一到初五都下雨，这个月就修不成了。

至于采月的精华，只有每月的十四、十五、十六三天，到了十七、十八已经不能用了。采月亮的精华也很难的，中国许多小说上写那些妖怪狐仙修道，是专门吸收日月精华的。但是“人生几见月当头”啊！人活一辈子，几次看到月亮在头顶上？一年只有十二次，有半年天冷你不愿出来看月亮，有时碰到下雨或者月亮给云遮起来，所以采月亮精华也很难，除非到非常高的山上，避开云层雾气。

我们在第一讲提到过道家的天元丹，天元丹在佛家密宗的修法，是修东方药师佛真正的灌顶法，可以使你长寿。长寿法在密宗是一种修法；不死法是另外一种修法。修密宗的长寿法一定跟不死法配起来修的，而且长寿法、不死法又一定是跟往生颇哇法配合起来修的。现在在座的，大概有很多人都修过。颇哇法是藏文，就是往生法，也叫转识成就法，修成时头顶上开了窍可以插草，插了草就像是买了保险，死后就可以往生西方。

一般学佛的人走净土路线的，这一生可能修不成功，就要往生到阿弥陀佛那里去“留学”，但是很少人有把握一定能往生。其中另有一个方法，就是道家的修法中有保存，密宗的修法已经没有了。

当年我问我的师父贡噶活佛，藏密里头这个法有没有？他说藏密这个法已经失传了。我说中国道家有个法叫夺舍法。至于这个法究竟属于道家还是密宗还是由印度传来，说法很多，我们在此不论。道家修行人晓得此生没有希望，靠这个肉体修不成功了，来生再投胎又没有把握，就赶快修离神法，也有叫它是离合神光法，离开这个身体，把这个肉体快一点丢掉。其实这个法门后来我才知道，佛说白骨观的密法里头也有，不过说得都很隐晦。

离神法修完以后就变成阴神了，这个人离开肉体，灵魂自己可以做主。夺舍就是侵占，要找到一个个把月刚夭折的婴儿才好，婴儿灵魂刚刚出去，你就进入婴儿的身体，这叫夺舍。其实这已经犯戒了，道家这叫罪犯天条，需要有很大的功德，不然是不行的。你更绝对不能妨碍人家，不可以抢婴儿的肉体去住，去抢的话，那是罪无可赦的。

所以我们要懂一个道理，佛家跟道家一样绝不准自杀，也绝不准随便投生，就是要还业报，你前生所做的善与恶业，应该要受完才可以走的。等于法院给你判了刑，你刑期没有满就想办法逃出来，这是犯法的，所以夺舍法是逆道而行的。不过是有这种方法，所以修神仙、修佛，都是一个道理，大家不要随便希望啊！修这个法门以前要“三千功满，八百行圆”，三千功德善行要做满，救人一命算善行一件，想做仙佛的要救多少条命才行啊！大概别人已经救过我们很多次了，欠的都是账，所以想成仙成佛太难了。

日月精华与日轮观

由采补的道理引申下去，岔进这一段，夺舍也属于采补的旁支，也属于天元丹的一个很小的流派。采炼日月精华有些是道家的理论，引用了庄子所说“与天地精神相往来”。关于这方面，我不妨跟你们讲一讲，因为过去有老师父们传过我。我一辈子都是喜欢研究，但是学了就不用，我也晓得我做不来，成不了佛，也成不了神仙，不下地狱已经很好了，一天到晚乱讲，都犯戒的。真正的采日月精华很不容易的，必须很有定力，也不是对着太阳月亮看的。没有经过老师指点不要自己看了这些书乱来，太阳月亮的精华怎么会让你吸进来呢？那是借用太阳月亮在宇宙间放射的功能，与你自己的气配合起来。那么这个气是什么气呢？开始的气粗的是呼吸，这个不是气，真的气是意，所谓意气，在密宗的道理就是观想。所以什么是观想？就是意气。观想也是第六意识的“妙观察智”。

宇宙的精华本来跟人体是相沟通的，这个意气自然可以作用。在佛家来讲，释迦牟尼佛把这些方法都说了，可是一般人读经就读不懂。佛法的采日月精华的方法，还用不着跑去看太阳、月亮，你坐在房间、坐在地下室、坐在铁笼里都没有关系，仍然可以跟太阳、宇宙的精华往来。因为太阳的放射功能，并不是墙壁可以挡得住的。如果你能够拿意识跟它沟通的话，也就是“与天地精神相往来”。所以佛家有日轮观，修净土《观无量寿经》也要修日轮观，而且戒律规定所有出家的弟子，睡眠的时候心中要做日轮观睡。这是什么道理？所以我说释迦牟尼佛一点秘密都没有保留，都说了，可是一般人研究经典没有看出来。这是显教，不是密法。有些人拼命去求密宗，实际上密宗所有的方法，显教里头都有，只是你看不懂。

我说的是有凭有据的，我现在提出来，你们诸位看佛经就懂了。其实经典上都明明告诉你了，他没有秘密保留，所以我一再强调，道是天下的公道，真正三教或者五教的圣人、教主没有保留秘密，他希望一切众生个个成功，他明明告诉你了，是你自己看不懂！道家说“得诀归来好看书”，经过老师指点，得到口诀懂了，然后自己求证一番，才把这个书看懂了。只好“掩卷一叹”，把书本合起来叹口气，“古人不我欺也!”古人没有欺骗我，是我们辜负了古人。古人把好的东西都留给我们，我们自己看不懂，只好到处去找。所以我常常说，学佛的同学们你不要感叹找不到老师，多得很！善知识在佛经里头啊！佛的教法，即使是末劫的时候也还在啊。你自己修证到了，翻开经典一看，脸红啦，为之汗颜！原来他老人家讲过的，可是不到那个工夫境界，你还真看不懂!

剑仙的话

我们刚才讲“子午抽添，卯酉沐浴”，因为讲抽添，提出来采补之一种，所谓“采补日月精华”。关于修道，我再告诉诸位一个经验，在我大概只有十几岁，还在杭州念书的时候，听说杭州城隍山上有一位老道士，是剑仙啊！我那个时候神仙也不想当，佛也不想成，只想当剑仙，两手指一比，一道白光就射出去了！所以一听说有这个老道，就想办法去看他。听说他还是清朝的皇室出身，到城隍庙那个道观修道。你们诸位杭州的朋友应该还记得，过去城隍庙是很大一个道家的丛林，他是方丈，见他可不容易了，我跑了八趟，影子都看不见。后来总算找到一位佛教法师，他跟这个老道有点交情，才算见到了，那可不容易喔！我看他出来那个风度，可惜我不会画，当年也没有照相机，所谓白袜云鞋，白的袜子，黑的鞋前面绣个云头，走出来大袖那么一挥，那个样子我看到都醉了。这就是神仙啦！那真好看，气象万千呀！然后一坐，很客气，“为什么一定要找我呀?”我赶快跪下了，我说：“求道呀，师父。”“不可以叫师父，哎，请起，不要客气，不要客气。”他马上把我扶起来。

然后我问他这个剑术，他说：“这个我不懂，这个不懂。”他一口否认懂剑术，然后告诉我两件事，我一辈子记得。他说：“我们的这个心呀，只有拳头那么大，你看这一件事情也装进来，那一件事情也装进来，装了多少事情！会迸开来的！你年轻人，什么剑术呀，都不要装进来，什么事情这里一过就丢出去，永远丢出去，你一辈子受用无穷了。”其实这个就是道，心里不装事。

他还告诉我：“哎，你也不要来求什么，我也没有道，也不懂剑术。你啊，眼神不要那么露，年轻人眼神要收敛。你会不会看花呀?”“花怎么不会看？当然会看呀！”“唷，你不会看花的！”我就问：“那要怎么看?”他说：“一般人看花，看任何东西，眼睛的精神跑去看。错了！要花来看你。”我说：“花怎么来看我呢?”他说眼神像照相机一样，一路照过去，把花的那个精气神吸到心里头来，那个时候他不讲脑。花、草、山水、天地的精神用眼光把它吸进来，不是拿我们的精神去看花，要把它们的精神吸回来。

我跑了几趟求见他，光这两段话，这一辈子就受用无穷了，到现在我都很感谢他。他修炼精神的方法，也是“与天地精神相往来”，就是这个原理。那个时候听了虽然很佩服，可是不觉得是方法。我又跪下来：“师父，你总要传我个秘诀嘛！”我赖着不肯走，然后他旁边那个道童，等于佛家的沙弥，来催了他好几次，是真的有事假的有事，我不知道，反正我不走的，在门外跪三天三夜我也要跪。

他后来给我逼得没有办法，说："你把你的剑法练给我看看。"他叫那个道童把剑拿来，然后我就老实不客气，把平生所学的本事都使出来了。他看了只笑，这一些都是花拳绣腿，他不好意思讲跑江湖卖膏药还可以。他说："不要搞这些啦！时代用不着了，你剑术再高，一颗子弹就完了。"他又说练剑不容易，要人站好，一只手叉腰，一只手拿剑，是真的剑，是钢铁打造的很有分量。你要手腕用力，手腕的力气到了剑尖上。他说晚上在房间里点一炷香，一剑下去，香劈成两半，两头都有火花，这是第一步；第二步，黄豆抓一把在手里，丢一颗，凭空一劈就对开；然后再劈绿豆，绿豆比黄豆还小，你都劈得开时再来，我再教你。这一下我也不想再跪了，也不想再来了，没有这个时间，永远练不成。

我把这一些故事给诸位报告，说明修炼的这些法子，道家、密宗方法很多，但是基本原则是一样。所以研究《参同契》第一步先把十二辟卦的图案，配在一年，配在一天，配在身体上，配在心理上。这个法则统统把握住了，不用向人家求方法，你自己就会懂方法去修持了。今天对不起，我插了很多小说一样的故事来说明这个原则，耽误了很多时间。但是我这个插进来的故事不是乱说的，都是配合这个道理。

第七讲

四卦的作用

气与物

四卦与修道

数是什么

什么是自然

四卦的作用

我们用了很多时间介绍十二辟卦与《参同契》的关系，在座的同学有人有意见，认为《参同契》的原文没有讲太多，自己不晓得怎么研究。但是《参同契》基本上离不开所介绍的这些，譬如原文的“乾坤者，易之门户”，就要研究《易经》乾坤坎离这四卦的变化，它所代表的法则是研究《易经》入门的纲要。乾坤是众卦之父母，八八六十四卦都从乾坤两卦来。这个《易经》卦理是讲变，前面已经说过，虽然我们介绍十二辟卦时，看见变化是从下开始往上走，但是一切变化以中爻为主。等于一个人内心的中心思想一旦有变，慢慢外面的事实也变了。

比如乾坤两卦的中爻一动，乾卦纯阳之体，中爻一变为阴，就变成了离卦，就代表了太阳；坤卦纯阴之体，中爻一变就成了坎卦，坎卦代表了月亮。至于人物的话，离卦乾卦都代表男性，坎卦是代表女性，不过以人事来应用又不同。这个道理有很多了，我们没有时间再多谈。所以众卦“坎离匡廓”，都靠天地太阳月亮，也就是这乾坤坎离四卦作为一个大纲。“运毂正轴”，等于一个车轮的中心点，一个转动陀螺的中心点。

“牝牡四卦”，“牝牡”二字在《道德经》里常用到，牝字代表母性，牡代表了公性。所以在古书上，公牛就称牡牛，母牛称牝牛，也就是代表阴阳两个字。乾坤坎离这四卦，四个符号，乾代表阳性，男性，正面；坤代表阴性，母性，反面；离代表阳性，公性，正面，光明面；坎代表阴性的，母性，黑暗面。“以为橐籥”，这是老子《道德经》里的话，老子讲：“天地之间其犹橐籥乎?”这个宇宙形成与灭亡，灭亡了又形成，不是谁能主宰，而是自然共有的一股生命的力量。

“橐籥”两个字分开来讲是两件东西，“橐”是布袋子，我们小的时候都看过，乡下人做生意的，出门背一个布缝的袋子，中间塞进衣服钱财。“籥”是七孔或九孔的笛子，竹管做的。“橐籥”合起来代表风箱。以前打铁或炉火，有个木头做的手拉风箱，手一推动，拉起来嗒嗒响空气就来了，一关一开吹风，代替人来搧火。所以“橐籥”就代表一动一静、一开一合、一来一去之间这个动能。在静态的时候，什么都没有，空的；一动之后，一开一合就有一股动能出来。

这就是中国道家哲学，包括儒释道三家最高的哲理，并不像西方文化那样，认为宇宙是有一个主宰创造的。东方文化是科学性的也是哲学性的，所以老子讲“天地之间其犹橐籥乎”!

“牝牡四卦，以为橐籥”，它就是宇宙之间这个生命的大象。大象，大概的现象，是说原则不变的；不是小象，没有详细分析。大象就是乾坤坎离。乾坤代表了宇宙天地，坎离代表太阳月亮，“牝牡四卦”就是这阴阳四卦，“以为橐籥”，就是太阳月亮一切在运转，所以形成我们人世间有白天、黑夜，有动相、静相。这个动能在中国道家就叫做气，所以古人的诗说到宇宙万有生物的生命，“悟到往来唯一气”，悟到生与死就是一股气的作用。“不妨吴越与同丘”，活着为了争一口气，大家闹意见也是这一口气的作用。吴越是敌对的国家，死后这一口气不来了，就算埋在一起都没有关系了。

气与物

古人所讲这个气以及道家所讲的这个气，千万不要误解为空气或者大气层的气。所以研究中国道家哲学，对于这个“气”字一定要搞清楚。我经常介绍气有三种，我们现在写的“氣”字，是中国文字自然的演变，这个气中间有个米，代表米谷之气，是吃了东西以后的呼吸，营养进去的这个吸收功能。至于空气的气，过去写法中间没有米字，就成了气。那么道家原始写法那个“炁”，中间是没有连着的。那个古代炁字，就是两横。现在这个“无”字，是中国古字的“無”，下面有四点，中国字四点是代表火，无火之谓炁。我们勉强地借用现在观念只能说，生命的本能是这个“炁”，但是我们一点也没有发挥这个“炁”。

发挥这个炁字道理还很多，大家打坐做工夫，开始都是用鼻子呼吸。有人问气功究竟有多少种？据我所知有二百八十多种，都是由这两个鼻孔玩的花样，人真会玩。但是的确可以利用呼吸之气来修炼身体，这是最初步的工夫。真达到所谓气充足了，神凝气聚，精神专一，达到这个境界的气已经不是呼吸的气了，同呼吸就没有多大关系了。这是做工夫方面，我们会再讨论到。

"牝牡四卦，以为橐龠"，实际上这两句话的意义，就是生命的功能那个东西。这个东西宗教叫它是菩萨也好，上帝也好，但在道家文化学术里，没有这些名称，因为无法给它一个名称。老子叫它道，也是假名，所以称"道可道，非常道，名可名，非常名"。这个东西，叫它什么都可以，它不是唯心也不是唯物，但是心物都是它的变化。

老子、庄子的道家观念，认为宇宙之间这个功能就叫做物化，但是这个物，不要认为是现在唯物思想的物，春秋战国时候没有什么唯物、唯心的分别。所以读那个时候的古书，常常读到这个物，有时候这个物是指实体的东西，有时候这个物是代号。等于我们现在骂人，你是什么东西？我说我是学哲学的，我真不知道自己是什么东西。东是东，西是西，但是它构成了一个通用的观念，这样你就能懂这只是个代号。

所以研究春秋战国时候的《老子》，看到一个物字，不要认为老子是唯物思想，那就错了，那个不是现在的心物观念。譬如老子说"其中有物"，这个里头有个东西，这个东西他勉强取一个名字，我们中国老祖宗叫做道，叫做天，叫做乾卦，也都是代号，表示宇宙中有一个生命，它在动静、生死之间看得出来。这个体，形而上的体在哪里？西方哲学和宗教专门讨论研究这个体，宇宙万有生存之体，死了也就看不见了。在东方文化，体虽然看不见，仍然是有。体在哪里见？在用上见，在相上见。有用有现象，体的功能在其中矣！

譬如人会讲话，但能够讲话的不是言语，也不是嘴巴，是人的生命会讲话。在哪里看见呢？就在他讲话上，讲话是他的相，现象是体的用，所以体是在相和用上见的。离了相和用，虽然有体，却不可见，不可知，不可说，无形无相。所以东西方哲学有时候把人的思想搞得很混淆，往往有些人讲体，其实只是在讲相，有的只在讲用，他又牵涉到本体，于是就搞不清楚了。实际上体、相、用是一个东西。

还有，大家都以为打坐是在修道，其实打坐只是做工夫，不是道，不过是修道的一种方法，一种作用，本身不是道。道不在你打坐上，也不在你做工夫上。所以说修道，打坐应该叫做修腿，不叫做修道，因为打坐有两只腿在坐。用鼻子吐纳，那也不是修道，那叫做修气。道不在这个呼吸的气上，气也是它的相，是它的作用。有人说守丹田，或守个什么地方叫做修道，那只能说你很爱惜你的肚脐眼，把它守得牢牢地，那不能叫做修道。道不在肚脐眼这里，如果光是肚脐眼、丹田这里是道，难道我们别的都不用了吗？

四卦与修道

所以这个道理一定要搞清楚，“牝牡四卦”，天地日月这四卦，是代表生命往来兴衰这个作用的现象。“覆冒阴阳之道”，“覆”就是盖，包括的意思。只要懂得《易经》的乾坤坎离四卦的真实作用，了解这个法则，就是已经“覆”了，对整个宇宙万有生命的功能也都会了解。“冒”就是放在顶上。“覆冒阴阳之道”，把乾坤坎离四卦作用、十二辟卦等等搞清楚了，就把宇宙阴阳、生死、生发之际、动静之用整个把握住了，然后可以懂得修道了。

这是汉代的古文，内容包含有那么多，我们简单地介绍。懂得了乾坤坎离四卦与宇宙万有中心的法则，也懂得了修道，就是“犹工御者”，像一个会驾车的人，“工”就是代表专家，“御者”是驾车的人，骑马的人。“准绳墨”，“绳墨”叫做墨斗，古代画一条线，是用一个装墨水的斗状物，把一条线拉过墨水，线两头拉住，中间一弹，一条直线就印下来了。要能“执衔辔”，御马的人把马的缰绳拉住，马就听指挥了。“辔”是马嘴两边的绳子，“正规矩”是说做工程的人，要想准确画直、圆、三角，必须要用绳墨来“正规矩”。“随轨辙”是车子走路，一定要遵循轨道。

我们这个宇宙的自然，并不是乱来的，要注意啊！这一点我常常跟同学们提，像中国画的山水，庭院艺术的建筑，都喜欢自然的美。自然美看起来像是没有规律，但是不规律中有绝对的规律，不可以变动。这就是东西方艺术的不同观点，相同当中有不同之处。所谓自然的东西，它自然而有规则。没有研究清楚，认为乱七八糟就是自然，这个观念就错了。

宇宙的法则是很呆定的，自然的法则是很严谨的，不可以有丝毫差错。譬如说今年下雨特别多，大家都很烦，好像觉得下雨毫无规律，其实它是有规律的。为什么今年，尤其到这个季节，和过去不同呢？假使研究中国传统的天文，就应该知道是必然如此。因为下元甲子要到了，它同天文气候都有一定的关联。

“处中以制外”，这一句话特别重要。我们大家修道，一切都是你心的观念，心念一动，身体感受和生理都会起变化的，所以修道讲“处中”。道家讲的中宫，画上下两个连环圆圈，代表了身体。上面一个圆圈，肚脐下面一个圆圈，“中”就在这个中间，所以叫做“守中宫”，这个是有形的，也是方法之一。“处中以制外”与道家的“守中宫”有关，道一动，外相就变了。相就是现象，现象变了作用也变了，像乾坤两卦，中爻一动变成坎离，所以我们了解修道就在中心。中是个什么东西？这是个大问题了。譬如儒家有《中庸》，佛经里有龙树菩萨的《中论》。道家是非常注重《中庸》的，所以说“处中以制外”。

数是什么

“数在律历纪”，前面说过《易经》有三个重点：理、象、数，加上通、变，实际上有五个。变就是用，通了才能晓得应用。理就是哲学的道理，理字也代表《易经》讲宇宙万物本体。象就是现象，用就是作用。所以研究《易经》每一个卦，每一爻都有它的体，都有它的作用，它的现象也都不同。再进一步讲，任何宇宙万物有现象有作用就有数，譬如我们这个手那么动一下，或者一秒钟，或者半秒钟，就是数。数在中国大家习惯也叫运，所以算命问运气。运就是动，在动态当中，一动必定有数，所以有数的理。学西方数理哲学到了极点，也懂了道，那也是一样的。所以万物皆有其数，是呆定的东西，一步一步来的。

刚才我们讲过，天下没有一个东西是突如其来的。突如其来它也有数，它“突”一下多少数，修道做工夫自己要懂这一个道理。所以你说，我修三年五年了，为什么没有进步？你才三年五年，用佛家的话，只吃三天素，你就想生西天，没有这回事！就算你修了一辈子，有没有合这个规律？真的懂了没有？没有的话一切都是白搞了。所以一年的天候，太阳月亮同宇宙地球的关系，每月每天的时间，都是呆定的，不能说现在是傍晚，却希望下一个钟头就是明天早晨，那是做不到的。

一个现象有它的数，这个数就用“律”表达。我们再拿十二辟卦的图来说明，由外圈数进来的第三层，这个“黄钟、大吕、太簇、夹钟”等等是讲“律”。在中国的音乐哲学叫做“十二律吕”，是中国音乐哲学的最高点。我们历代史书上都有《律历志》，属于中国文化的重点。现在先解释这个“律”，“律”就是历法，就是这个图外圈第三层，十一月叫子月、十二月叫丑月等等，阴历同阳历配起来用。

十二律吕代表了太阳的行度与我们地球的关系，这个“吕”字代表了月亮，太阴。月亮同地球有一定的关系，这是历法。我们中国几千年来，都是阴阳合历用的，但不是现在这样乱用。我们中国古代所谓以农立国，还没有气象台，但是民间对气候变化的掌握就是靠这个。譬如说过几天是清明了，清明、立秋，这个用的“十二律”是阳历的作用，至于说每月初一到十五，用的是阴历，所以是阴阳合用的历。

“律历纪”，“纪”是什么？十二个月为一年，扩大一点，十二年就是一纪，三十年叫一世，这是中国文化的科学与哲学。可是现在的青年大部分都不知道了，嘴里天天叫中国文化，你问他什么是“律历纪”，他就莫名其妙了。这些都是中国文化精华所在，所以外国人写到我们中国科学史，就非常佩服。

什么是自然

回转来讲，这个宇宙运行的法则，一步有一步的现象，一步有一步的作用，每一个现象也不是乱七八糟的。所以修道要懂这个，“处中以制外”，把握那个中心。我们人为什么衰老？衰老是一定的，因为生来必有死。生老病死四大过程等于乾坤坎离，从天亮到夜晚，呆定的，谁都免不了。但是道家文化认为可以免得了，不过一定要懂得这个法则。所以老子讲“人法地，地法天，天法道，道法自然”。“法”就是效法，人要效法这个地球运行的法则。人靠地球而生活，地球生长了我们，也把我们收回去了。“人法地”，就是效法地球这个作用。

地球靠什么？“地法天”，这个天是代表太阳系统，这个天又是哪里来的？这就是哲学问题了。生命哪里来的？上帝造的。上帝谁造的？上帝外婆是谁？姓张的，姓李的，一路要问下去。“天法道”，道就有这么一个作用，这个功能，在宗教叫做神啊、主啊、上帝啊，叫做什么不管了，在中国文化只是讲天效法道，不可以违反道的规律。那么道效法什么呢？老子讲“道法自然”，我们现代人读《老子》，认为自然就是自然科学的自然，古文不是这样读，我们现在的自然科学是借用老子的观念。“自然”两个字原来不一定是合在一起的名词，道法“自”“然”，是说它自己当然如此，它的自体当然是如此，不要再问了，不能问下去。等于宗教讲的一样，不要追问上帝是谁造的，信就得救，不要问，再问下去问不到底了。

所以道法是“自”“然”，自己当然如此谓之自然。我们现在读《老子》的人，因为受了几千年后日本人借用《老子》的自然观念，翻译自然科学名词的影响，所以我们一提自然，说这个风景那么好，那是自然的，人要到自然里头走走，于是自然就代表空气、代表了空间。人怎么会到自然里头走走呢？这一些自然的观念同老子的自然毫不相干，名称给他们借用错了。所以老子说“道法自然”，道效法谁？道就是道，它自己本身必然一定是如此，有一定的规律。

所谓自然不是盲目，刚才再三强调，自然非常有规则，一步不能违反。所以魏伯阳真人在《参同契》里告诉我们，道家修炼神仙之道，如科条之不可违。等于法律、科学的定律没有办法违反一样。我们现在的年轻人做工夫，说身体这里动，那里麻，就认为任督二脉一下子就通了——那是超越了自然，不可能的，那是假通。气脉假通是很容易的，因为那是感觉不是真通。真正的通有它的相，一步有一步的象征，一步有一步的作用。所以体、相、用有它不能违反的定律。就像一个孩子刚生下来，就想会讲话走路，那是不可能的。

我们先报告到这里，这还牵涉到人体生理、生命的关系，先休息一下再说。

第八讲

生命的卦变

无根的树

人欲能平吗

逆流而上

我们讲传统的道家是指秦汉以前，就是周秦时的道家，那时儒道诸子百家并没有分家。换一句话说，传统的道家在秦汉以前的，就是中国文化的根。所谓儒家孔孟思想是道的一部分，其他如名家、法家乃至于兵家、军事哲学，都出自道家，连医家、农家以及诸子百家，都是由道家而来。所以到清朝时，纪晓岚奉命搜罗中国的书籍编成《四库全书》，关于道家的这一部分，他有八个字的按语："综罗百代，广博精微。""综罗百代"是所有中国文化的一切，都包含进去；"广博"形容非常大，非常渊博；"精微"等于是说道家是科学的、严谨的、微妙的。

生命的卦变

刚才我们提到，在医学方面必须要懂十二辟卦，以及乾坤坎离的应用。我们上其他课的时候也提到过，现在再重复一次。人的生命，由母亲第一天怀孕开始，一直到出生，是属于乾卦。乾卦是个符号，代表生命的完整性，没有男女之分。我们讲《易经》的六爻卦，下面三爻称为内卦，上面三爻称为外卦，这个六爻卦的应用是很妙的。我们老祖宗知道宇宙的应用法则，用只在六位的范围，到第七位要变去了，第八位是返本还原，还原就变另外一个东西了。这些前面也提到过。

生命的开始是以乾卦做代表，然后这个数的问题来了，男性以八为基础，女性以七为基础。双数谓之偶数，也就是阴数；单数谓之奇数，就是阳数。《易经》之中，数的道理只在十个数字范围打转，一增一减，就概括了一切。单数的一、三、五、七、九，这五位是阳数，五在中间；双数倒数回来，十、八、六、四、二，也是五位，六在中间。《易经》的数理里头有很多的东西，我们现在不是专讲这个，以后再单独介绍。那么为什么说男性的生命用八来代表？假使男性属于阳，为什么他的数又变成阴呢？女性属于阴，为什么数又变成阳呢？

这些道理牵涉很多，就是阴中有阳、阳中又有阴的道理。一个东西到了极点就要变化，所以阴极就阳生，阳极就阴生。宇宙万有的现象界都是相对互用，这个变化在《易经》有一个名称叫互变。但是万变中间有个不变的原则，就是道。现象和用互变，所以阳极阴生，阴极阳生。男性外表看是阳，其中又有至阴之精；女性应该属于阴，但其中有至阳之精。《易经》讲阴阳坎离，这些道理都不是呆定的。我曾经向诸位介绍过，孔子在《易经系传》里讲过，“变动不居，周流六虚”，所以研究《易经》学问的，千万记住不能把一个法则呆板地用，不要认为是不能变动的。事实上，其中的变化太多了，阴中有阳，阳中有阴，重重无尽。

人的生命在出生以前，属于内卦的范围，内卦也叫先天。生下来以后，女性以七数为基础开始计算，男性以八数开始计算，就是后天。中国医学根本的一本书，就是《黄帝内经》，其中讲到“女子二七而天癸至”，什么叫“天癸”？癸就是中国文化天干最后一位，五行里头属水。譬如今年是癸亥年（一九八三），这个亥字在十二地支是最后一个，也属水。所以有人随便讲阴阳八卦，把今年下雨特别多讲成是因为癸亥年的关系。这倒不一定，但是不能说完全没有关系。“二七而天癸至”，是说女孩子十三四岁第一次月经来，就开始不算童子了。月经没有来以前男女不分，都称做童子。男性要到二八——十五六岁这个阶段，开始变成少年，这个时候男童两个乳房会发胀发痛，起码有两三天之久，但是生理的转变男性没有女性的明显。此外，女性的生理周期为什么叫月经呢？因为它是像月亮圆缺一样有周期的，以四七二十八为一个周期。

女性到了二七——十四岁前后天癸至，乾卦破掉了，先天的生命变化，开始了后天的生命。当然这个六爻的卦象也变了，上面三爻还是乾，下面三爻最底下的一爻由阳变阴，就变成了巽卦。这个六爻合起来是天风姤卦（䷫），就是纯阳里头第一步开始变，阴来了。接着以七年为一个周期，三七二十一岁再变，把第二爻又变成阴的，就是变成天山遯卦（䷠）；四七二十八再变一爻，变成天地否卦（䷋）；五七三十五又变了，变成风地观卦（䷓），这时外形也变了，人已到了中年。我们中国文学老句子，“人到中年万事休”，是说人到中年就差不多了，走下坡路了。到老年要赶紧修道，不修来不及了。

普通变化（受物理现象的限制，生命逐渐消耗。）

卦象名		年龄 男	年龄 女
䷁	坤	男	女
䷖	山地剥	56↑49	49↑43
䷓	风地观	48↑41	42↑36
䷋	天地否	40↑33	35↑29
䷠	天山遯	32↑25	28↑22
䷫	天风姤	24↑17	21↑15
䷀	乾	16	14

修道升华（突破现象界的限制，夺天地之造化）

卦象名		方法
䷀	乾	1. 由生理着手，借吐纳、药物等方法，炼精化气，炼气化神……
䷪	泽天夬	2. 由心理着手，致虚极守静笃，或等而下之如守窍……是。
䷡	雷天大壮	
䷊	地天泰	
䷒	地泽临	
䷗	地雷复	
䷁	坤	

◀生命的两种变化（长生或不亡以待尽），☰代表生命中生生不息的功能，☷表示生命已受的损害。

六七四十二山地剥卦（䷖），身上的阳气，由父母禀赋带来的生命能只剩一点了，像银行里的存款已经用得差不多了，是后天用的。这个卦上面只剩一点阳能，一个阳爻了。在男性就是相当于六八四十八。人到中年痛苦悲哀经验多了，看得多了，没有时间烦恼，也没有时间高兴了，就要学庄子讲的，“喜怒哀乐不入于胸次”。只有一阳还留着，以道家来讲，趁这个时候赶快修，不然就不行了。

无根的树

到了七七四十九，经期就要停止了，现在医学叫做更年期。男性也有更年期，男性是七八五十六岁。以前有一位上将，他现在过世了，好多年前，有一次见到他，我说我看你身体好多了。他说，老师啊！你晓得医生把我怎么治啊？他给我打双性荷尔蒙！他当时还骂这个医生乱搞，都七十几了还有什么荷尔蒙不荷尔蒙！医生说，报告长官，你就听我这一次，打一针试试看好不好？结果他就打了，这一打下去觉得好舒服，精神好了百倍！男女性的禀赋中间有些不同，所以以道家来讲，女性修道要在卦气未尽，七七四十九以前就要下手修持。所谓下手修持，并不是说明天报名学打坐，自己就算修道了，好像盘盘腿或者念念佛就会把卦气拉回去了，没有这回事，不是那么简单，修道可不容易喔！所谓天元丹，是要懂这些法，地元丹就要了解一切医药，人元丹则在自己本身。

道家有位祖师爷叫张三丰，我看过他亲笔写的东西，在成都的青羊宫，碑有七八个吧！我看了佩服透顶！那真叫做神仙笔迹，每一个字不是横，不是直，那个笔画都是圆圈，真像是太极拳，可是都看得清楚。他的文学著作好得很，写过一本《无根树》的词。《无根树》是比喻我们的生命是没有根的，随时会死亡，所以必须要把根栽起来，这是修道的工夫。中间有一句“下手速修犹太迟”，劝人赶快修道。他说年轻人早早求明师下手修都恐怕来不及了，等到卦气完了再来修，更来不及了！这样一讲，我们就都很悲哀了，到了一定年纪以后怎么修道？不是说不可以，一口气没有断以前都可以，但是比卦气没有完的人困难，需要多加两倍的工夫。所以在卦气未绝、没有断，还没有到更年期以前，就要开始专修。不是说打打坐念念佛就叫做修道，这个声明在先。

因为道家这一套修持的方法太不容易了，所以学道家的有个术语，叫做“得诀归来好看书”。其实神仙丹经道书上，修持的路线、方法都教了。等于我常常告诉学佛的同学们，佛把修行的方法，在《大藏经》里毫无隐藏地都教给了我们，显教里头都是密教！只是大家看不懂而已。所以道家的书你也可以看啊！不过我有个主张，近一百年来关于道家修炼的著作不能看，尤其是现在有些年轻之辈写的，问题太多了。我必须要向诸位抱歉，因为我好像很狂，也可以说傲气，我年轻时候非秦汉以上的书不读！就那么傲！好像后人见解学问有点靠不住。再到后来更狂了，非周秦以上的书不读！因为发现周秦以后的人，有许多见解也靠不住。花了那么大工夫读了一部书，结果是错的！你说这个多痛苦呢！所以非周秦以上之书不读，尤其是佛道两家的书。现在出版也发达了，乱写书，害死人不要本钱的。这个要注意因果啊！像我们一辈子写文章不敢乱写一个字，这是秉承传统文化精神，老师和父兄都严厉地告诫我们，文字杀人不见血，但犯的杀戒比害死十条命都厉害。乃至叫我们教书都要小心，怕断送人家的慧命，比杀人家性命还要可怕。

父兄告诫我们还有一件事，不要做官。“一代赃官九代牛”，如果做贪官，九辈子都要变牛还债，所以不敢做。我们小时候背的《朱子（柏庐）治家格言》，“读书志在圣贤”，并不是为了做官；既然做了官，“为官心存君国”。所以我都叫你们背来，你会背的话一辈子都有用。最后的两句话就是“为人若此”，知识分子做人做到上面所讲的标准，“庶乎近焉”，差不多勉勉强强算一个人了。这是中国文化教育的目的，上至皇帝下至讨饭，那只是职业不同，和事业没有关系，这多难啊！

人欲能平吗

讲到做人难，现在做人是不太容易，不过这个生命也是来之不易，因此说，“下手速修犹太迟”。可是老年的修，超过这个卦气怎么办呢？只有加倍下工夫了。道家几乎没有一个不通医药的，也没有一个不懂军事的，都懂！你要修道，在庄子的观念称为“心兵”，是天理人欲之争。人的欲望非常大，把这个欲望净化了，才走上道业的路。所以佛经有句话，“染缘易就”，这个欲望一旦黏染住了，越来越严重，道业就难成。所以修道做工夫，心里头有干戈之相，天理人欲之争，只有人欲平了，那个所谓天理，道的境界才能出现。

我常跟青年人说，我们有些错误的情绪思想，不完全是心理的，而是生理的变化限制了人。所以道家的方法与佛家不同，第一步先要把生理变化了，也就是从物理开始转起，把你转过来。有些密宗讲气脉也是走这个路线，先改变了血肉之躯的生理气质，然后打坐得定就很容易了。也就是自己心中对自己不再斗争，在佛家讲是妄念平息。儒家的理学家也引用来讲理，但我们经常说，理学家的名词很好听，但只是空话，能做到很难。

理学家得什么道呢？儒家孔孟之道是“人欲净尽，天理流行”，妄念杂想平静净化了，就达到道的境界。这是把佛道的主旨用孔孟的观念思想——“人欲净尽，天理流行”。这个人欲净尽谈何容易！天人合一境界是人欲净尽了，天理才能流行。理学家也用道家、佛家、禅宗的方法静坐，从静来入手，可以达到“人欲净尽，天理流行”的境界。不过他们是不盘腿的，打坐就是正襟危坐，这是儒家坐法。

以前我们小的时候家里有老师教书，去找老师时一看老师坐在那里，大家不敢动了。为什么？因为老师在入定，不是老僧入定，他们是静坐，每天也规定时间。那么，“人欲净尽”何以能够做到呢？理学家讲变化气质，这个变化气质也是从佛家、道家里头拿出来的。气质就是这个肉体生命实际的东西，怎么把它变得过来呢？道家所谓真正修道要修到自己脱胎换骨，整个肉体都转换了，这也就是变化气质。

道家把七岁做一个单元，这里就告诉诸位要懂中国医学的儿童保健了。要培养小孩子身体健康，七岁到八岁是一个阶段。二七十四到十六，所谓少年的烦恼时代，身体变化这个阶段也要注意。女性是七的数字，男性是八的数字，所以我们讲：你这个人七七八八的，乱七八糟，不三不四……都是《易经》数理的观念。不三不四，因为第三爻第四爻最难办，这是由内卦到外卦；乱七八糟，是说七不能乱，八也不能糟，七七八八就形容糟乱了。所以这些俗语俗话，都有很多的哲学道理在内。

男女两性的保养观念，可以从七年缩小至七天一个变化，再缩小至七个时辰，也就是十四个钟头，乃至于七秒钟都变一次。我们现代医学也知道，一个人七年之中身体大部分都换新细胞了。十二年一纪，从内到外没一个东西没有换的。我们今天坐在这里，假定十二年以后我们还坐在这里，你是你还不是你？这个生理的变化有它的法则，我经常说修道学佛是个科学，先要把理论搞清楚才能下手修。有许多人以为这个修道做工夫，打坐就是了，何必懂那些理论！不懂理论叫做盲修瞎炼，盲修瞎炼有没有用处？当然也有用处，但那等于是保养一台机器一样，你少用一点，经常给它抹抹油，经常把它包起来，也就可以拖长一点才坏。但是，那可不叫修道！

逆流而上

修道的工夫，是硬要斗天地之造化，是跟上帝、玉皇大帝、宇宙、阎王争命呢！我不听你主宰，要听我自己的！这是道家的工夫。就像张紫阳真人在《悟真篇》里头讲，“一粒金丹吞入腹，始知我命不由天”，要到那个境界，修道才有些基础，有点把握。

我常常说你看一个家庭，两夫妻年轻相恋，爱得要命，几年以后就变了！爻变，卦变，他俩都变了！尤其到中年变得更厉害。老年也变，但年老以后也没有什么可追求了，只有争看电视吵吵架。所以注意这个数字的变。为什么？生命自己做不了主，受物的影响，受生理的影响。所以修道不懂这个法则，光学了一招半招怎么修啊！修道关键就在这里。“顺为凡”，你照自然法则去走就是普通人；“逆为仙”，掌握生命的自然法则而修为逆行，懂了十二辟卦法则，就懂得一天十二个时辰生理的变化，把握好才能改变，也就是逆为仙。

修道要懂配合时辰，乃至地区环境。譬如在南中国用的方法同黄河以北的不同。所以我常常告诉年轻学医的同学，现在你们在这个湿度大的地方，按照《伤寒论》绝对没有问题。《伤寒论》是张仲景在湖南地区的经验累积，你如果到黄河以北，《伤寒论》有些病可以治，到了西北或大北方，如果用南方这一套方法用药，也许会医死人的。万物各有一太极，每一个地区各有一个太极，随便用就不对，常会用错，而且每一个人不同。修道也是一样，每人身体禀赋不同，有人生来体质弱，有人生来特别强，有人生来肝脏不好，有人肺脏不好，有人肾脏不好。你这些法则懂了才可以去修神仙，所以说想做神仙谈何容易！

一个仙佛无所不知，无所不晓，大家天天坐在那里屁都不懂，还想成神仙，还想成佛，不可能的！生命往来就是这股气，真的！我刚才讲的话，你们年轻人还笑，有些人说老师经常讲屁都不懂一个，这是真的。有许多修道的人，屁也不敢放，也不敢洗澡，怕漏了元气。所以一天到晚提肛，把肛门夹住，结果搞得一脸乌气，那是大便中毒，因为那个气是瓦斯，是浊气，要放掉才行。清气要留着，身体内部什么是清气？什么是浊气？同样是个屁，也有很多学问；同样是打嗝，却反映出身体内部不同的毛病；同样是呼吸，呼吸的学问更多。

能把这些了解了，把握这个法则才能谈修道。不是说两腿一盘，学个一天半天工夫，就算开始修道了。我经常说，看了几十年，各地所谓的仙啊、佛啊，看了很多了，最后呢？据我所知不是心脏病、血压高就是老年症，也同我们大家一样，茫茫然而来，茫茫然而去。我还没有看见过一个真能修养到心理、生理绝对健康的。真能达到身心绝对健康，虽然不能成仙，也已经够得上是地仙，大概可算是半仙了。

第九讲

南宗北派有别
月节 中气 刚柔
每月六十卦

南宗北派有别

目前最耽误时间的就是《易经》这一部分，但是我们也没有时间详细地讲，只能说一个大要。这一部分记有道家的术语所谓“内金丹”，就是人修炼自己性命的方法。这个原则非常重要，所以一定要了解这个理论，然后做工夫就很确实了。道家这一方面偏重于工夫修证的程序，而佛家讲修定很空洞，只讲了四禅八定的大原则，但是由初禅怎么样证入？初禅基础所谓得定得止与生理心理的关系究竟在哪里？表面看来，佛家是完全不谈身体方面的事，只告诉你能够彻底把它空了，一路就到底。事实上，这个身体摆在这里空不掉的，处处都是障碍。所以老子也说，有这个身体就有障碍。

《易经》法则的十二辟卦同天地运行的法则，与修道有绝对的关系。所以我们现在多耽误一点时间，后面就比较好办。如果前面马虎了，后面反而难办，这是第一点要交代的。第二点，我们现在采用的本子，是清代朱云阳这位道人注解的本子，也有人称他祖师，他是北派的。据我个人了解，《参同契》的注解一共有几十家，也有朱熹注的。朱夫子的我们暂时不谈，那比较外行；内行的注解以朱云阳的最好。另外有些注解是属于南宗的，南宗是双修派，不必出家，是夫妇可以同修成神仙，这一派在道家叫做南宗或是南派。南派里头又分了很多家，在大陆有些南派道家的道观中，是有道人带了家眷的，像是日本的佛教。这一类的修道人就是火工道人，就是说自己在火里头修；用佛家的术语是“在火里头种出莲花”来。这个本事大啦！单修、专修比较容易，有家眷修道又不离世俗法，那就太难了！

古代有些《参同契》的注解完全采用南派的观点，说法不同，却也是言之成理。能讲一套很严谨的理论也不简单的！诸位把这些书拿到手里一翻，就晓得是属于哪一派哪一宗的说法。南派道家在中国的历史有多久呢？也许有三五千年，春秋战国时候就有了。到了两晋的时候，出了一位很大的神仙叫做许旌阳真人。在座江西的朋友都知道，江西南昌有一个万寿宫，那就是他的道场。他那一派在道家是属于淮南子的哲学思想，历史上除了许旌阳拔宅飞升全家修成神仙之外，再没有他人。他们房子都带走了！文学上形容——“犬吠云中”，连他家里养的鸡狗，受了丹药影响都带上天了。吴梅村写过一个句子：“我本淮王旧鸡犬，不随仙去落人间。”讲他宁愿做神仙的鸡、狗，一下子就被带上去了，也用不着辛苦打坐做工夫了。

南派走所谓双修的路子，在东汉、魏、晋之间影响很大，后来都归并在道教里。实际上它是另外一个教派，叫做净明忠孝教。根据中国文化的道理，一个人想做神仙想成佛，先要把人做好。道家说，世上天上无不忠不孝之神仙，一定是忠孝节义俱全的人，才够得上成仙成佛。你查中国道家神仙的历史，确实个个都是如此的人。

有些《参同契》的注解，古怪的很多。有一点我再次告诉青年同学们，佛道两家近一百五十年以来的著作都要小心，绝对不能看！不光是佛道两家的，随便哪一家都不能随便看！只有一些晚清以后的考据学说的，倒值得一看。至于现代著作我就不知道了，因为我这个人活着等于死了，这个要向诸位交代的。

朱云阳道人的《参同契阐幽》，在我认为是属于第一流的注解。文字好，道理也透彻，非常好！那是真正最正宗的说法，道家所有工夫道理都放进去了。以我读书的经验，这一生读他的注解配合《参同契》，大概读了一百多次。想起来就把它重新读一次，一次有一次的体会，次次不同。所以不能说这些书已经看过了，不用再读了。很多人对学问方面不大注意，也就会对自己做工夫应该走的路搞不清楚，以至工夫到了某一阶段，就不知道应该怎么样才能再进步，所以唯一的办法是求之于古人。古人都是我们的老师，不管他是正派、邪派，就算是邪派的，有时候还会启发我们正的思想，这个诸位要特别注意。

月节 中气 刚柔

现在看原文，“月节有五六”，五六就是三十天。根据十二辟卦这个图，一个月有两个节气，一年共有二十四节气，用的是太阳历，太阳行度。我们是太阳历、太阴历几千年来合用的。譬如一年十二个月，一个月三十天，这个我都向诸位报告过，这是以太阴为标准，表现月亮圆缺潮水涨退，与女性生理的周期也有关系，所以女性生理周期称为月经。至于二十四节气，再说一遍，五天一候，三候就是一气，六候就是一节。每一个月，有一气有一节。哪个是气？哪个是节？希望诸位在图表上都记住。气叫做中气，节就是过节，也就是过程。做工夫有时中气发动，注意这个中气发动，等一下我们要讨论打坐做工夫是怎么一回事。现在修密宗的人很多，要打通中脉，又是在海底又是在头顶，搞了半天，中气究竟在哪里？究竟是个什么东西？这都要搞清楚才行。

“经纬奉日使”，直线谓之经，横线谓之纬，这个“经纬奉日使”是以太阳在天体的行度为标准。“奉日使”是用太阳历，我们上古就使用了。“兼并为六十”，以一个月来讲，每天一半是白天一半是黑夜，合起来就有六十个作用。如果配合上《易经》的卦来讲，六十四卦真要研究就麻烦了，因为《易经》是根据天文来的，要把中国的古天文学都拿出来，二十八宿的星座在哪里？北斗七星在哪里？那个牵涉太大了。所以真正学《易经》，要规规矩矩地走中国文化基本的路线，先把中国天文学学通。现在难啦！过去我们一个朋友高炳梓先生，他是懂得的。他在世的时候，我求一班青年同学们做一点好事，到高先生那里学。我跟高先生讲，你只要能教出三个学生就行了，把中国文化的根留下来，否则你死了就没有了。那些学生呢？好！好！老师我去！结果拖拖拉拉不肯去。现在高先生过世啦，有些学生要我来讲，哎呀，我比他差远了！而且我不喜欢搞这个，太麻烦了，还要配上现在的天文学，才可以了解一些道理。

《易经》原图六十四卦，为什么把乾坤坎离四卦拿开？因为乾坤两卦代表天地，天地在那里不会动的；坎离两卦代表太阳月亮，也是呆定的。天地是个假设的名称，我们能够看得见天地的作用是太阳月亮。把这四卦拿开，剩下六十卦配起来正好是一月卦，也就是“兼并为六十”的道理。“刚柔有表里”，每一卦有它的阳面，阳里头就有阴，阴里头就有阳，阳是刚，阴是柔，所以要注意刚柔。

我又岔进来讲句话，二十多年前在一个朋友家吃中饭，他家客厅挂了一副对子很正派，字也好，写的是“柔日读史，刚日读经”。朋友晓得好，就是解释不出来。其实柔日是阴日，不是指阴天，也不是指干支阴阳。所谓柔日，是一个人心里有烦恼，事情复杂解决不了，这时阴柔之气在心中，最好多读历史。读历史启发人的气魄，勇气眼光就起来了。刚日是精神特别好、思想特别清明的时候，要读经，读四书五经，读佛经，读基督教的《圣经》都可以。读经需要思想，哲学思想必须要头脑精神够的时候去研究；精神不够的时候，看看《红楼梦》，看看什么彩虹蓝天那些小说也可以。如果你人不舒服，头脑昏昏的还来研究《参同契》，那只会睡着啦！当安眠药来用蛮好！所以刚柔就是代表阴阳，《易经》里的阴阳两个是物理代号，这个观念要懂得。

“刚柔有表里”，表就是外面，里就是里面。也就是说，每天的气候，从夜里十一时开始，一直到第二天上午十二点，都是阳气；下午属于阴气。现在都市很多年轻人，都是阳气不够——上午起来昏头昏脑，一点精神没有；到下午睡一个午觉起来，精神慢慢好了；到夜生活一来，精神越来越好——这些人都是阴气很盛，学中医看病就要知道了。

譬如咳嗽，有些人半夜子时阳气上来，非咳嗽不可，比闹钟还要准。因为他那个肺被痰包围了，就像是垃圾堆里有些东西出不来，半夜一到，阳气要往上冲痰出来，就咳起来了。道理就在这里，晓得这个病源就晓得用药了。你说凉药应该属阴、热药补药是属阳了吧？不一定哦，凉药也有阴阳，凉药熬久了以后物极则反，阴中生阳。你说大泻的药吃下去就拉肚子，你买个三十斤熬它三天三夜，吃下去就便秘，泻不了！为什么呢？物极则反，这就是《易经》的道理。西医大多是不管这个的，我们有大西医在座，对不起呀！不过他现在研究中医了。中医药有特别多物极必反的状况，所以补药吃多了反而出毛病。有些热药很可怕，热药蒸过就是化学作用，起一个变化就变成凉药。为什么讲这些呢？做工夫也一样，你这个原理不懂，打起坐来，有时候坐不住，怎么办？这个里头就是“刚柔有表里”，早晨属于阳卦，下午属于阴卦。

每月六十卦

“朔旦屯直事”，你看这个古书多难读呀！每个月初一叫做朔，旦就是早晨，这就是指每月初一的早晨。十五叫做望。所以朔、望要搞清楚，退回七十年前，读小学的都懂。以前做官，朔、望是大事，县长朔、望要穿上礼服到城隍庙行礼——阳间的县长去向阴间的县长打招呼，恐怕有些冤枉案子，我阳间的县长管不好，阴间的还要帮个忙呀！当皇帝的朔、望也要祭告天地，这是中国古代政治所谓神秘性、宗教性的一种制度。

初一的早晨屯卦（䷂）在“直事”，这个怎么讲？这是另外一个图啦，因为现在主要的不是讲《易经》，那个图就没印发给各位。《周易》有一个上下经次序，这个要背来。我们现在研究的《易经》是周文王整理的，它同《连山易》、《归藏易》不同，是从乾坤两卦开始，第三卦就是屯，第四卦是蒙，第五卦是需……所以是乾、坤、屯、蒙、需、讼、师……这个是周易六十四卦的次序。我为什么提到这个？现在我们碰到这个“朔旦屯直事”，一个月是三十天，把乾坤坎离四卦拿掉了，每月初一早晨屯卦直事，直就是值班。讲到这里我很感慨，现在你一听我说就明白了，可是我年轻时也不懂，请教这个老师那个老师，有说大概这样，有说大概那样，我一听晓得老师没有懂，还是向老师行个礼，走了。我自己很辛苦摸了几十年才懂，知道每月初一的下午，是蒙卦（䷃）当班。

“水雷屯”（䷂），水的下面是雷就是屯卦。你看这个卦，假定把上下倒转，你们看看变什么卦？不是屯，而是“山水蒙”（䷃），成了蒙卦。所以《易经》一个卦要八面玲珑地看。有人说《易经》的道理同黑格尔的辩证法一样，我说你真是乱讲！黑格尔是什么年代的人？我们老祖宗是什么年代的人？硬把老祖宗拉来跟外国的小孙子比，怎么那么没有出息！况且《易经》讲的不是三段论法，是八段论法，可以说十段论法，一个卦要十面看，这个道理就是，立场不同观点就两样。能懂得这个卦理，看一切的事就能真正客观。这个水雷屯卦，把它倒过来变成“山水蒙”，这样叫做综卦，综就是相反。

初二的早晨是水天需卦（䷄），晚上反过来，成了“天水讼”（䷅）。那么，你说懂得这个和我修道打坐有什么关系？关系大啦！如果你不懂，工夫到了某一个境界，你就不知道下一步怎么样走。就算你工夫做到放光，老停在亮光里也没有什么好玩，玩一阵总要到黑暗里玩玩吧！所以如果不懂这些道理，下一步怎么动呢？你就不知道了，对不对？

这个原理，《易经》现在这里告诉我们大象，大象也叫天象。“朔旦屯直事，至暮蒙当受”，到了初一的下午，蒙卦当班。所以“昼夜各一卦”，白天算是一卦，夜里算是一卦。“用之依次序”，所以我说当年读这个是照《周易》六十四卦次序来的，六十四卦拿了四卦出来，剩下六十卦。“既未至晦爽”，“既未”是六十卦的最后两卦水火既济卦（䷾）及火水未济卦（䷿）。一个月分三段，初一叫朔，十五叫望，三十叫晦。“晦爽”是三十早晨起来朦胧有点亮。每个月用六十卦，但是有时候小月是二十九天，这个是配合太阳历的气节来的。

“终则复更始”，这六十卦在一个月里头应用是这样，用完了重新第二个月初一又是屯卦开始。六十卦配月份，乾坤两卦变出来配年份，十二个月是这样配的。

你们拿到的《易经》那个书本上有个方圆图，外面有一圆圈六十四卦，中间四方块又是六十四卦，方圆都是六十四卦，作用不同。这一个圆图的六十四卦是配一年，排列方法又不同了。所以我常常感叹中国文化了不起，一个是中国人会做菜，第二个是会搓麻将。麻将就是从《易经》的学问变出来的，同样这个牌玩来玩去各有不同。我经常鼓励同学研究《易经》时，把六十四卦做成一个麻将牌乱摆，你慢慢就会发明东西了，算不定你成为爱因斯坦第三。这个里头发明的原理多啦！

孔子任何书都教我们读，但他没有教我们读《易经》，因为《易经》是“玩索而有得”，要去玩这个卦。当年我学《易经》，就用六十四颗棋子，每一个棋子贴一个卦名，就是乱摆，慢慢就摆出道理来了。《周易》圆图六十四卦，你晓得五天一候，每一卦分配到五天多一点，刚刚一年三百六十五天有多，这是圆图。方图配合整个的中国，或者配合欧洲的地图，或者是配合世界地球的地图，每一卦里头都可以找出道理来。譬如你到了法国，不用计算机，我们把方图这样一摆，太阳出来这一面是东方，一摆就晓得这里南方，那里北方，这是西方。然后六十四卦一摆，这个房子要不要就知道了！走运的房子方向对了就要，不是房子盖得好不好！就那么简单。所以《易经系辞》讲，“易简，而天下之理得矣”。

《易经》真搞通了，就觉得这个原理非常高深，但是天地间最高深的学问到了最高处反而非常简化，因此叫做简易。所以说，《易经》的法则非常简单，懂了的话，这个手掌就成了计算机，指上一节一节跟你画好了，掐指一算，天地都在一掌之中，就是这个原则。古代佛教的讲经叫做消文，把文章先消化了再说；消化了文字，才能明白其中的意义。

第十讲

日月运转的影响

四季 五行和人体

你爱吃补品吗

关于一阳来复

日月运转的影响

“日月为期度”，“日月”是指太阳月亮，“为期度”，每天每月每年的运转都有周期性。在我们中国历法上，十天叫做一旬，一个月有三旬，这些数字大概记一下，都是中国文化，实际上现在民间还在用。“动静有早晚”，这个天象，宇宙的气象，在理论上所谓早晚就是一动一静之间。夜里睡觉休息是静态，白天醒了以后一切是动态，动静代表了早晚。

“春夏据内体”，现在讲到大的范围，一年之中春夏秋冬四季，我们也曾经说过，实际上只有两个现象，一冷一热。冷的开始叫秋天，冷到极点叫冬天，所以秋冬是一个系统。春夏又是一个系统。一年十二个月，三个月为一季，譬如春天是正月、二月、三月。在文学上每季第一个月叫做孟，譬如春季正月叫孟春，孟是老大，如果古代有人叫王孟湘，我们就晓得他是家中长子；二月叫仲春，仲就是老二；三月叫季春。夏季孟夏、仲夏、季夏也都可以用的。一年当中春秋的道理，讲十二辟卦时也讲过：春秋是持平，温和、不冷不热，刚好！

这里说“春夏据内体”，同我们做工夫有关系了！就像打坐时，有些人说手发暖，坐起来出汗了，热得不得了，衣服都要脱掉，或者睡不着觉，被子盖不住。所以学中医也要懂这个道理，有时候发烧是病象，中西医都晓得发烧并不一定是坏事，有时候让它烧一下再来治疗。发烧就是白血球来啦，把里头的细菌用高温杀死，再来治疗这个传染性的病。

“从子到辰巳”，拿一天来讲就是夜里子时阳气发动，子、丑、寅、卯、辰、巳，六个阶段，直到上午十一点钟；拿一年来讲是上半年。

“秋冬当外用”，秋天、冬天当外面用。“自午讫戌亥”，就是下半年。拿一天来讲，每天从午时开始，直到戌亥时，就是下半天。

“赏罚应春秋”，这是中国古代制度的刑法原理，用现在的话讲是法理学，也可以叫做法律哲学的根据。所以几千年的帝王政治，一个死刑犯不到秋天不杀，尤其春天是不准杀人的。春天生生不已，死刑都不处理，宁可把他关在大牢到秋天再讲，所以叫秋决，有秋收冬藏的意味。

“昏明顺寒暑”，我家乡的土话，晚上叫黄昏，天晚快要进入黑夜了。所以唐宋一些诗词，许多写黄昏的文学，很有味道。讲到文学，李后主的诗词是好：“无言独上西楼，月如钩”，月亮像钩一样弯弯的，“寂寞梧桐，深院锁清秋”，写得好！如果他写：无言独上西楼，月如盘，那就没有意思啦！又如“姑苏城外寒山寺，夜半钟声到客船”，如果是夜半钟声到酒家，就没有什么道理，更没有什么味道了。“昏明顺寒暑”是晨昏顺应冷热，以气候来讲一个冷天，一个暑天，寒暑代表了一年。

讲了半天同我们打坐做工夫有什么关系呢？先把文消了，现在只解决文字问题。这些书就是中国文化的密宗，它都告诉你了，你懂不进去，就通通没有用；懂进去，全都是修道的法则。做工夫，不管是佛家、道家，还是密宗、显教，哪一家都违反不了这个原则。这就如同天地一样，你工夫再高道再高，也没有办法把早晨的太阳拉到晚上来用，你做不到，上帝也做不到。所谓“道法自然”，是呆定的。至于说你道修成功了，超越自然，那是另外一回事，已经不是这个肉体生命了，但肉体生命是没有办法违反这个天地法则的。

“爻辞有仁义，随时发喜怒”，后天卦每一卦六爻，六个次序构成的。⚊、⚋，这一画叫做一爻，为什么叫爻呢？爻者交也。交通的“交”字就是爻字变的，爻就是交的意思，彼此相交，互相交换的关系。《易经》每一卦有卦辞，每一爻有爻辞，是卦和爻的注解。我也提到过一句话，“善于易者不卜”，《易经》学通了的人，不看相不算命不看风水也不卜卦，自己都知道啦，好坏都清楚。《易经》的八八六十四卦，没有一卦绝对好，也没有一卦绝对坏，都是好中有坏，坏中有好。譬如有一卦说“厉无咎”，好呀！好呀！其实一点都不好。“厉无咎”的意思，你小心就不会出毛病，不小心当然出毛病！只有一个谦卦（䷎），涉及做人的道理，比较起来是六爻皆吉。其他都是有好也有坏，上一爻好，下一爻不一定好；昨天好，今天就坏。同我们人一样，昨天精神旺得不得了，到了今天忽然烦闷起来；昨天胃口好，今天消化不良要吃胃药。人的身体同天气和卦象一样，随时会变，你有办法能够做到不变吗？行住坐卧都是那个境界不变，你做得到吗？做到就差不多啦！所以“爻辞有仁义，随时发喜怒”，等于我们的情绪变化一样，没有一定的。

四季　五行和人体

“如是应四时”，这样对应一年春夏秋冬四季。“五行得其理”，五行就是金木水火土，五行配合五脏。我们要讲一下啦，尤其学中医的要了解，肺属金、肝属木、心属火、肾属水、脾属土。提到肾脏要注意，中医讲肾脏，不光是西医讲的两个腰子，而是包括甲状腺、肾上腺的荷尔蒙，乃至生命的元气，发动整个生命系统的动力。肾脏属水，属坎卦，换一句话说，肾亏就是荷尔蒙生长、分布不平均。土是脾胃，讲脾胃就很严重了，因为我也不是医生，所以乱讲不负责任的。中医注重的是脾胃能够消化的那个动力。有些人消化不良，说自己有肠胃病，肠子是肠子，胃是胃，要分清。胃消化了就到肠子里去，如果这个肠子——“水管”推动不得力，“水管”不通，大便就堵塞在那里。所以学道家的人为什么都学医而且必然懂医？因为他自己做工夫，与书本上读的医学知识不同，他每一步走到哪里，五行起的变化清清楚楚。

譬如有些同学跑来告诉我，老师啊，我有心脏病！我问，你做过检查了吗？哪里痛？他们指胸口。我说心脏在那里吗？没有人心是在正中间的，世界上人心都是歪的，这里痛很可能是食道和胃消化不良的问题。这个食道管看起来简单，但是我们平常人不容易通的，这一节气脉完全通了，这个人就没有杂乱妄想，随时都可以安定清净。这个道理像玻璃杯盛牛奶，喝完了以后，玻璃杯还是沾了牛奶。我们吃了猪肉、牛肉、青菜、萝卜，咽下去有些在食道管上粘住的，但是一般人不会有感觉。如果这个管道完全干净，妄念就没有了，思想就清净了，这是绝对有道理的。

因此中国道家以及学瑜珈术做工夫的要洗胃，洗胃有各种方法。一种是内洗，每天把舌头向上向后卷，练习向内舔，舔到小舌头就会呕了，这是一种洗法。还有一种瑜珈洗法，把舌头拉到外面，能够把舌头舔到鼻子，那工夫练得很苦。据说佛的舌头可以舔到发际，我们普通人舌头都很短。你问为什么要练这个？我告诉你，年纪越大舌头就越短，僵化了。你问老先生吃过没？他回答：吃！吃！吃过了（众笑)！他舌头短了，是不是啊？要死的时候，噎！噎！他就死掉了，那个舌头就封锁住了，所以练这个舌头同健康长寿很有关系的。

舌头为什么硬呢？你去看杀猪就知道，我们小的时候乡下杀猪，杀猪的把喉咙这里一刀切开，肚子拉开，把食道管一把抓，连舌头五脏六腑一串提出来，如果发现舌头僵硬，这猪就有问题。所以一个人身体要自己知道，有时候舌头发苦，舌头没有味道，早上起来镜子里一看舌苔白的、黄的、红的颜色，不同的颜色就晓得哪一方面有病。所以中医的诊断要看看舌头，就诊断出来病在哪里，那叫做舌诊。有些舌头一吐出来，上面像锅巴一样一条一条，那很严重，里面在严重发炎。不只是舌头，连眼睛、耳朵也能反映五脏六腑的情形。高明的中医跟西医诊断下来相同，人体就是表里动静之间相应，也就是“五行得其理”。

瑜珈术还有另外的洗胃法，要弄一块纱布——哎！你们不要乱学呀！我可不负责，这里只是讲学，我没有工夫我也不懂道，我只讲学术性的给你们听——用一块很长的纱布慢慢吞下去，吞满了拉出来，那个味道很难闻，等于现在到医院照胃镜。我们这个人有什么漂亮啊！看到拉出来的布你鼻子都要挟住。学瑜珈的人一礼拜起码要洗一次胃，或者走禅定路线，一个礼拜有一整天不吃饭光喝水，清理肠胃。这很卫生，这个方式你们可以用。不过你们吃惯了的，很难熬了，半餐不吃就受不了，三餐不吃，二十四个钟头不吃坐在那里简直要叫外婆啦，还不是叫妈！像我们搞惯了无所谓，越不吃越舒服，吃了就想睡觉，昏沉嘛！不吃东西头脑就清醒，这是一种。

给大家讲了瑜珈术，我这个人素来唱反调的，人家讲外国的东西好，外国月亮圆，我就骂，中国月亮不圆？不大？你们也不懂！中国的洗胃方法呢？是用葛根清理食道。葛根是一种草，四川很多，把葛根外面绿皮剥掉，里头雪白一节不软又不硬。有一定的长度，量好，这个长度我忘记了，由喉咙管开始，等于现在照胃镜一样，把那个白的葛根慢慢吞下去，那个很软，不会伤到喉咙，不过有点青草的味道。我都自己试过了，因为虽然学会了，我不亲自试过不相信，危险我也不怕。我忍一下，硬把它咽下去到胃里，如果不抽出来，它会给消化了。

当这个胸口感觉有东西，下也下不去，上也上不来，到时间发冷，到时间发烧，那么治疗的办法很简单，吞葛根。吞下去你硬是感觉到有个东西，咚！就掉到胃里去，马上就舒服了。抽出来之后，也不发烧也不发冷了，一身微微汗出来，痛快得很。打坐做工夫，有时候也会到这个程度的，因为本身生命有这个功能。世界上的文化都一样，都是人类老祖宗们几千年经验来的。说真的，现在的青年们，不知道祖宗留给我们的文化，是几千年多少人牺牲了生命得出来的经验，你不经意地丢弃就是罪过！我从小专门搜罗古的东西，我总觉得古的东西有它的道理，不能随便轻视，结果自己一研究下来，都是很好的。我从小是一路反对新的东西，现在老了反而接受新的，因为古的我差不多都了解了。

你爱吃补品吗

先把这个文字消了，下面的注解叫做玄谈，玄谈就是发挥讨论。我们现在又回到这个十二辟卦，诸位把手里这个表好好搞清楚，将来会很有用处的。譬如你研究起来，复卦冬至一阳生，冬至是气，大雪是节。冬至是一阳初生处，冬至要吃汤圆，吃汤圆是假的，叫你注意这个时候可以配合补品了。但是有伤风感冒的话，一点补药都不能吃，有其他毛病也不能随便吃补喔！只要身体内外有一点不清爽就不能吃补，一补就把它封锁住了，病就好不了，所以要特别注意清补这个道理，清理就是补。有些人非常莫名其妙，“哎呀，老师啊！这个清补不算补。”所谓清补，不是说轻微的补药叫做清补，完全搞错了。譬如这个房间，你说墙上破了把它补一补，表面补好了，实际上里头还是破的。还不如干脆把破的清理干净，倒是个新的局面。所以真正的补是把内在的病完全清理干净，因为我们的生命功能自有生生不已的力量，生命自己会补助自己，这就是清补。

过去有一位很有名的老西医，他去世好几年了，四五十年前德国留学的，是蒋介石的医疗顾问。他懂中医也会打坐，因为忙得没有时间，抓住一点时间就打坐。那个时候没有出租车，一般人出门坐三轮车，他就坐在三轮车上打坐。有一次我有点头痛，打电话问他，他就帮我开药。实际上他是学医理学的，是医生的顾问，回到国内来他反而变成看病医生了。吃了他的药以后我对他说，你到底是学理论的，药不灵。他说，我本来医术就不好，你何必相信我？后来我别的药试试也不对，又再吃他的药，吃了以后又好了。我又打个电话给他，喂！你的药还是对的。他说，本来就很对。他这个人就那么可爱。

又一次我家里人病了，我说你弄一点什么补血的给他吃。他说，你怎么搞的，别人可以讲这个话，你怎么讲这个话？哪有补血的药？我说，怎么？中医当归总补血吧！“女人血亏吃当归。”他说，你能把当归里挤出来一滴血，我的头给你！真补血就是打血浆，十毫升的血你能吸收到两毫升就了不起，其余都排泄掉了，吸收它好困难。他又说，如果要吃补血的药，你多吃三块肉就够了。不管中药西药，都没有补血的，所谓补血的药都是刺激你肝脏的功能，自己生出血来。

生命的功能，只要你一口气没有断，把内在清理了就是补，你不需要饮食补啊！乱吃补药被药补死的，我看了很多，所以绝对补不得。以前有一个老朋友住在医院，已经病危了，他太太端来喂他东西，我一看是燕窝！我说：“拿开！不准，这个时候可以吃燕窝吗？”“不行啊！好久没有补了。”

我说：“不准！汤都不能喝，补不得啊！”“燕窝不算什么补吧？这是清补。”我说：“他都快不行了，宁可留一点气多讲几句话，有什么事情没有讲完，快讲吧！”

其实只要一口气在，里面清理了就是补。懂得修道的人，年纪大了到那时不要怕死，充其量是死，就完了嘛，除了死还有什么可怕的！对不对？又要死又怕死，你看多可怜！修道人先要懂这个，随时准备死，算不定你还死不掉呢！上礼拜天我夜里上山去，又下雨又崩山，既然上就上了，车开上去，崩山也不管，开！我说有护法神保佑，结果没有事，不知是否真是有山神保佑。既然来了就是一条命，如果“咚隆”滚下去，就算报销了！早死迟死一样，这有什么怕的呢？怕是在你要去不去的时候，已经决定去了还有什么前途好考虑？后途都不管，还管到前途吗？要有这个勇气才可以修道。

关于一阳来复

你懂了这个原理，只要把自己心念平息下来，听其自然，念头一空。念头真空掉，一阳来复，复卦，气就来了。念就是气，气就是念。我们常教训人一句话，你这个小孩不要意气用事啊！这就是道家工夫了，对不对？意就是气，气就是意。所以道家讲无火之“炁”，那个不是呼吸了。在佛学里头，那不叫做气，叫做息。拿中国字看看，什么叫做息？你们看看，自心谓之息。中国字都告诉你了，自心谓之息，自己这个心就是。结果拼命坐在那里搞气，还记数字，我今天已经数了三千下了。你数三万下心念也没有息呀！你真做到心念息下去，神就凝结了，气就聚了，神凝气聚就一阳来复，复卦来了，你还怕什么病？

可是你要注意哦！任何人的身体，不管男女老幼，复卦一来阳气刚刚发生，麻烦得很，病人的病表面上看起来会加重。懂了这个原理的人，一点都不怕，这个加重是好事。我常常告诉人，一个人跌伤了，尤其吩咐你们年轻女同学做妈妈的，孩子跌倒在地上，没有哭之前不要抱起来，你一抱算不定这个孩子闭气死了。所以看到孩子们跌倒，老太太们就叫旁人不要动！不要动！等一下！等一下！等到孩子“哇”一哭，好，可以抱了，他气通过了，一阳来复。刚跌下去时精神受了恐吓，身体的气脉各部分不顺了，你一去抱，气岔断就危险了。成年人也一样，看到别人跌倒在地，不能马上去拉他，先过去看他鼻子呼吸慢慢调整好了，才能起来。尤其照顾老年人要特别注意，怎么样？痛吧？唉，很痛。他能够开口就是他气通了，你大胆可以扶他起来了。真的跌伤了是不晓得痛的，等到药下去慢慢晓得痛了，有救了，这个伤快要好了。

这个就是一阳来复的道理，阳气的来复这个卦属于子月。生理上的复呢？男孩子很清楚，婴儿睡到半夜，其实不一定到半夜，我们现在先讲半夜，婴儿生殖器就翘起来，晓得要屙尿。这时婴儿绝对没有男女的欲念啊！绝不会是想到异性才有这个现象。所以老子说，“未知牝牡之合而朘作”，这个“朘作”啊，讲一句你们觉得很难听，我觉得很文雅，就是小孩子的小鸡鸡翘了，当母亲当爸爸，就知道这个小鸡鸡要屙尿了。老子讲的是，这个婴儿不晓得有男女两性的分别，可是到那时候自然举起来。有时候不一定是屙尿，是冬至一阳来复。生理上的变化男性看得很清楚，女孩子也是一样，自己不大觉得，实际上她胸口会发闷、发胀，有些像女性经期来以前的感觉。这个阳气发动的时候要能够把握得住，怎么把握呢？有些修道的人赶快把气控制住，那就完了！佛家讲心空一念，只照住它，看它发动，有病的病就更加重，实际上是好消息。如果咳嗽的话，这个时候咳不停了。

子时一阳来复，到丑时不同了，就变啦！安详一点了。阳气上来，在身体的内部从哪里上来呢？所谓的海底。现在有人讲海底在肚脐下面，或者肛门前面睾丸后面。其实海底是个形容词，海底，海深而不见底。身体的海底是在下部没有错，但是，这个要懂得“正子时”、“活子时”的道理。

第十一讲

坎离二用章第二

修道先要了解的事

守丹田的问题

管住耳朵和眼睛

精神与魂魄

本篇开始的题目叫“御政”，就是说修道先要把天地与我们生命的法则把握住。懂了这个原理以后，修起来就容易了。这个法则就是《易经》的法则，然后配合道家老子、庄子等等的思想。

坎离二用章第二

天地设位，而易行乎其中矣。天地者，乾坤之象也。设位者，列阴阳配合之位也。易谓坎离。坎离者，乾坤二用。二用无爻位，周流行六虚。往来既不定，上下亦无常。幽潜沦匿，变化于中。包囊万物，为道纪纲。

以无制有，器用者空。故推消息，坎离没亡。

言不苟造，论不虚生。引验见效，校度神明。推类结字，原理为征。

坎戊月精，离己日光。日月为易，刚柔相当。土王四季，罗络始终。青赤黑白，各居一方。皆秉中宫，戊己之功。

修道先要了解的事

“天地设位”，就是说这个宇宙之中，我们人在中间，上有天下有地，这就是《易经》的法则。乾卦是天的代号，坤卦是地的代号，天在上，地在下。“设”就是假设，初定了这个位子，“而易行乎其中矣”。什么叫做“易”？日月谓之易，太阳与月亮这个系统叫做易。中国文化解释《易经》最清楚的，就是《参同契》。所以这个“易”字的古文写法，上面是太阳，下面是月亮。后来讲到《易经》的学问道理，前面已经讲过包括了三易，简易、变易、交易。第一简易，是说《易经》的道理看起来复杂，真懂的话非常简单容易。第二变易，它告诉我们宇宙万有随时随地都在变化，没有不变化的时候。第三交易，任何一个变化，与前因后果、内外、左右、上下、彼此都有关联，所以叫交易。

到了宋朝以后，有些学者另加一个法则，交易、变易是现象，在现象之间有一个本体不动的叫做不易，这个是不变的，所以以不变应万变。为什么以不变应万变呢？是说那个本体有一个基本的原则，它始终不动的，变的是它的现象，不变的是它的本来。比如我们这个房间是本来，今天就作为我们研究《参同契》的课堂之用，明天可以开会用，后天可以当仓库用。现象是变易的，但是这个房间，这个空间不易，它没有变动。这是顺便解释一下这个易。

“天地设位，而易行乎其中矣”，一个太阳一个月亮构成了我们人世间，以及地面上各种生物生命的法则。下面它解释说，“天地者，乾坤之象”，“象”就是现象，“天地”是乾坤两卦的现象。“设位者，列阴阳配合之位”，宇宙间万事万物总是相对的。一静一动也是相对的，有阴必有阳，有阳必有阴；阳到了极点就阴生，阴到了极点就阳生。所以讲阴阳就要配合太阳月亮运行的法则。在我们身体上，这个生命能变成气血，要配合它的部位。所以中医针灸有一派非常注重子午流注，就是因为“列阴阳配合之位”。如果真通了这一种原理，用起针灸来效果也特别好，这是一个事实。

下面解释“易谓坎离”，这个《易经》的“易”字所讲的是代表坎离二卦，坎离就是日月，离代表太阳，坎代表月亮，这是讲天地的大象。“坎离者，乾坤二用”，乾坤代表的是天地，但是乾卦中爻一变，变成了离卦，就变成了太阳，所以太阳代表天；坤卦中爻一变就变成了坎卦，代表月亮。所以“乾坤二用”的意思，就是有这两个作用。我们仰头看虚空，我们叫它是天，天在上面，踏在脚下面的就是地。这两个精神的代表就是太阳、月亮，一冷一热这两个作用。

下面这几句千万要记住，尤其在座的大概很多都是修神仙的。“二用无爻位”，这个坎离两卦就是太阳月亮，在天体“无爻位”，没有固定的位置，而是永远在那里转，一分一秒都不停地在转。所以说认为坎离两卦或者太阳月亮固定在哪个方位上，那是人为观念，事实上不是如此。宇宙的生命永远在动态中，没有静态。所谓静态是非常快速地动，在我们的感觉上反而觉得没有动，所以叫做静。譬如说我们坐飞机，速度很快，自己却觉得没有动。或者坐汽车在高速公路上走，太快了，只感觉外面东西在动，实际上是自己在动，不是外面。

这个宇宙的动态就是太阳月亮的流转，“周流行六虚”，它是圆满的，四方八面上下无所不到。“六虚”是中国文化所谓六方，庄子叫“六合”，就是东南西北四方加上下。所谓六合之内就是讲这个天地之间。地面也可以讲八方，东南西北加上四个角就是八方。佛学进来以后，八方再加上下就是十方。但是上古没有用十方这个名称，这是中印文化交流以后所产生的，所以古代说太阳月亮“周流行六虚”，是说它无所不到，它的光芒和精神无所不在。

“往来既不定，上下亦无常”，日月流转不是呆板的，不是固定的，天体的法则，太阳月亮永远在转，东西半球、南北半球都有。我们现在是晚上，别的地方刚好天亮，有些地方是半夜，不是月亮在那里当家就是太阳在那里当家，无所不在，所以是“上下亦无常”。

“幽潜沦匿”，这个非常重要了，尤其讲修道，我们不管是学佛修道，或者是学显学密，都离不开这个法则。我们为什么要打坐？是为了要使生命精神回归到最初的境界，就是“幽潜沦匿”这四个字，也就是先把我们在外面活动的精神收回来，“幽”是半明半暗的，非常深远；“潜”是沉伏下去、沉潜下去，像鱼一样沉到海底最深处；“沦匿”，好像光明看不见了。我们修道静坐的人，如果坐在那里能耳朵不听，眼睛不看，不知道身体，忘掉自我，就达到“幽潜沦匿”的境界了。

“幽潜沦匿”是基本的，譬如现在到了晚上，大地上的东西都看不见了，就是“幽潜沦匿”——阴的境界。修道初步先用阴，所以老子是以阴柔之道为基本。阴不是坏事，阴极才能阳生，所以“幽潜沦匿”是初步。

“变化于中”，修养达到了“幽潜沦匿”的境界，生命的功能才发动，身心才起大的变化，这是“幽潜沦匿”的道理。别的星球我们不去讨论，单说这个世界上，植物也好动物也好，生命的开始都是所谓静的状态。在静到极点时就是“幽潜沦匿”的现象，什么都没有了，那正是生命功能的开始。

关于这方面，还会仔细地讨论，现在先解释文字。“幽潜沦匿，变化于中”，静极当中才能求变化，这个一动一静之间“包囊万物”，一切万物，不管动物、植物、矿物等等，乃至于精神世界、物理世界的，都离不开这个法则，无法违反。“包囊”就是装进去，万物都在这个法则原理之内。“为道纪纲”是说，这是修道首先要了解的。“纪纲”是纲要。

守丹田的问题

我们了解这一段之后，再回到前面，我们已经晓得坎离二用日月两卦的重要。这个日月两卦，我们上一次提到它是配合我们这个生命的，所以道家认为人身就是一个小宇宙。反过来讲，整个的天地宇宙就是一个大生命，我们不过是大生命分化出来的小生命。如果我们讲宗教哲学，拿西方的宗教来讲，上帝照他自己的样子制造了人，这个是宗教的讲法。但是道家认识并了解了宇宙是个大生命，我们人体是个小宇宙，要在人体这个小宇宙里做道家的功夫，就要了解这个宇宙的法则。

坎离两卦在一般道家解释、应用非常多。有的用到身体有形的生命现象上，眼睛属离，耳朵属坎，拿文学境界来说就是声色二字。所以有一派打坐的功夫是眼睛不能动的，把那个眼神收回，眼睛闭起来照到自己的丹田。这一种修法，所谓神光内照，就是把离卦收回照到丹田。

所谓丹田，道家把有形的人体分成三个丹田。上丹田就是两眉间进去到后脑一条线，同样高度，脑左边太阳，右边太阴，左右连一条线对穿，两条线交会中间；拿现在医学勉强配合来解释，可以说前脑后脑中间的间脑的部位，这个地方叫上丹田。把胸口两乳房间对穿的部位叫做中丹田。下丹田在肚脐下面一寸三分，就是以各人中指第二节算一寸为标准，这是传统测量的方法。人体各部穴位，也以自己的尺寸来量最标准。

我们在座的女性朋友注意，不管是成年没有成年，不管用眼神来照，还是用意念来守下丹田，久了会出大毛病，严重的甚至可能引起血崩。男性则次要。总而言之，这个是很粗浅的道家修法，不能说不对，这个方法也对，看什么人用。假如男性血压高，这个方法可以用，而且非常好；如果血压低的话，这个方法就不能用。所以修道必定要通医理，必须要配合《黄帝内经》乃至《难经》。

讲到上丹田，有些传道法的也属于有形这一方面的，现在很流行。据我所知，外面有各种的法门在传，这里是密宗那里是道法，都弄得非常秘密。要磕头烧香赌咒，不能对外人讲，讲出去天打雷劈，要赌这样的咒。然后传你的时候，“六耳不同传”，就是三个人在一起不传，只在一个人耳朵边上传口诀。

这一些道派外面多得很，传给你的打坐就是一个“守”。有时候结一个手势，密宗叫手印，在中国道家叫捏诀。有些传你个手印，叫做太极图，打坐的时候就那么捏住。有些人打坐闭起眼睛皱起眉头，好像头痛得很，烦恼不堪的样子，原来他在守上丹田。这种守法，老年人尤其血压高的人千万不要做，如果你学了不久就红光满面，那不是好事，那是血压上升了。当然面带桃花色又是另外一种了，那是好事。如果脸涨得通红，皮肤发亮，算不定忽然无疾而终，也算得道了吧！其实是血压高脑充血。

但是这个部位到底可不可以守呢？可以的，某一种身体适合某一种工夫。譬如有人神经特别衰弱的，就可以叫他守这个上丹田，但是也要看他的气血流行够不够，否则守这个地方也会出毛病的。

据我所知，外面很少有人初步叫你守中丹田。但倒是守中丹田比守上下丹田毛病出得少一点。但是也有问题，有时候搞久了有些人觉得心窝痛，不是心脏痛，是食道和胃消化不良，或者呼吸气管或者肺部有问题。这三个丹田顺便讲一下，也是修道的常识。

管住耳朵和眼睛

刚才讲到坎离两卦，这一派修道的，在道家正统的观念，秦汉以上的古书，都把眼睛所代表的神光返照叫做存神，也叫做存想；在密宗叫做观想。这两个名称有差别，当然方法也有差别，但都是运用思想。存想久了，就是古人所谓“存想飞升”，人可以飞起来。这只是一个原理，真正几个人做到呢？可以说没人修到过。换一句话说，你存想也好，神照也好，照到身体必须要达到“幽潜沦匿”，身心沉潜下去然后起变化。当变化一来时，就要懂得讲过的这些法则，走到那一步一定显现那个原理，详细的我们慢慢再报告。

实际上，打坐时把眼睛收回来，或者照到哪里，行不行呢？还是不行。你把离卦虽转入内境界，还是没有完全“幽潜沦匿”，因为我们坎卦耳朵，欢喜向外面听声音。要把眼睛、耳朵收回来沉下去，简单地说就是收视返听，也就是佛家修行的观音法门。以道家的看法，观音法门是利用坎卦耳根起修。用观音法门的好处在哪里呢？我们这个耳通气海，换句话说，两个耳朵与这个生命肾气相通。所以一般年纪大的，耳朵听不清了，就是肾经的元气衰弱了；眼睛也老花了，那是肝经闭塞出了毛病。所以这一派道家用的方法，是在身体上转，把眼神收回来照到肚脐，要耳朵不听外面，慢慢使气归元，到这个时候，就是真正的“幽潜沦匿”了。

这一派的道家，他的道理是以八卦代表人体，所以乾卦是头部，为首；坤为腹，坤卦是整个肚子；艮卦为背，离卦为目，坎卦为耳，兑卦是嘴巴，巽卦是鼻子，震卦为雷是身体。这里说的是先天八卦，是以有形身体来代表，详细的道家又另有分类。所以说道书很难懂，千古以来读书最讨厌读道书。拿眼睛来讲，离卦另有一个配法，左眼属离卦，右眼属坎卦。同样的道理，每一部分他又把它再分化，这岂不是很复杂，不是乱套吗？不乱套，有它的原理，因为宇宙万物各有一太极，各有一个天地。等于讲我们人体整个是一个生命，如果在医学上分开来研究，每个分开的再分开又是一个单位。这个单位用八八六十四卦的法则来研究，又是一个系统，都合那个规律，都合那个法则。所以我们要特别注意，这都是归纳性的讲法。如果呆板地分析这是哪一派哪一家，分类起来太多了，所以我们不详细地分类。

精神与魂魄

正统的道家，解释坎离二卦日月二用的道理就很准确了，说“日出没比精神之衰旺，月盈亏比气血之盛衰”，这就把坎离二卦所代表的内在意义告诉我们了。现在我们要解决一个哲学问题了：中国道家处处提到精神，精神是个什么东西？很难下定义，精神就是精神。我以前常常当笑话讲，学校规定要对学生“精神讲话”，我说这不合逻辑，因为讲话本来就用精神在讲话，讲话就是精神。如果精神以外还有一个精神讲话，我说不要变成神经讲话了！

所以精神还是先要下定义，它是个什么东西？它所代表的又是什么？你说这是个抽象的，那就没有话讲了，抽象就不谈。但是在中国文化中，精神确实是一个东西，所谓精神就是魂魄，就是魂与魄的变化。换一句话说，魂魄是精神的变化。那么什么叫魂魄呢？心理的状况是魂，属于神的；生命的能量旺盛是精，是属于魄。我们普通讲，这个人很有气魄，这个气魄的确是物质的身体所爆发的。一个三期肺病的人，或者癌症到了最后阶段的人，再也没有气魄了。

“魄”字是白字旁边一个鬼字。什么是鬼？一路研究下来，要认识中国字，先要认识部首，这个“鬼”字从“田”

字为主。为什么呢？我们是地球的文化，人都在这个地面上。田在古代的写法，一个圆圈一个十字就是田，不是方的。这个田上面，中间一笔出一点点头就叫做“由”。“由”字就是草木在土地上生出一点苗。所以由来就是有一点苗头了。上面通下面通就是申，代表电。这个“鬼”字上面上不去的，你看那个“鬼”字的写法，专门向下面走的那个就是鬼。至于“神”字，上下通的叫做神。

这个“魄”字是白色的鬼，白代表阳气，有阳气有实质的这个精神部分叫做魄。没有实质的，人死后肉体实质已经完了，就是鬼旁边加个“云”字，那就是魂。云就是天上的云，有时聚拢来看见了，有时散了看不见了。所以魂魄是代表生命的死亡与存在两个阶段。

那么精神是哪里来的呢？归纳道家的说法，分为两部分，神属于性，本性；精和气属于命。道家早就把身体分成两个宇宙，我们这个肉体存在是我们的命，所以身体是命。至于那个性呢？那个就是神，不属于这个身体，但身体也是性的部分。比如电，这个电是通过灯泡发亮而发生作用。灯泡坏了就不能通电，也不起作用了。因此道家的理论同佛家或其他的不同，认为修道的人必须要性命双修。性命就是阴阳，也就是坎离所代表的，性命双修就是两样要齐头并进。

宋、元、明以后的道家，也就是正统的道家，老实讲是反对佛家也反对儒家的，认为他们都不会修道没有用。他说佛家跟儒家光修性不修命，只从心理入手，对身体一点办法都没有，所以仍是生老病死，很痛苦。但是，宋元明以后的道家同时也反对一般修道的道家，认为他们光是修命，只是练气功啊，炼身体啊，在身上搞来搞去玩弄精神。王阳明所批评的就是这种。所以只修命，不修性，光炼身体，不懂佛家的所谓明心见性和儒家的修心养性的原理，也是不行的。

道家有一句重要的名言：“只修命不修性，此是修行第一病。”光炼身体，在身上转河车，转来转去，不了解心性的道理，不懂一切唯心的道理，是一般修道人的第一错误。相反地，他说“但修祖性不修丹，万劫阴灵难入圣”，只晓得在心性方面入手，在明心见性的学理上参，这个空了那个空了，但身体气质变化不了，他认为这是阴阳没有调好，永远不能证到仙佛的果位。

所以正统的道家主张性命双修，对佛法也是非常恭敬的，认为佛是修成功了的。一般学佛修道没有成功，因为不是偏在修性就偏在修命。这个主张拿佛学来讲合理不合理呢？非常合理。研究了佛学唯识，研究了般若就懂了，这个身体是阿赖耶识的一部分，身和心各一半。所以修道的认为一定要半斤八两，要两个齐头而并进，也就是要性命双修。最后身体由衰老变健康，由健康变化气质，由变化气质达到脱胎换骨。再配合上心性的修习，这个道才能修成功。

性命双修成功了以后，道家称为“无缝塔”，修成一座无缝的宝塔一样。佛学的说法就是证得无漏果，得漏尽通，一切都成就了，没有渗漏，没有遗憾，没有缺点，这个生命是个完整的。

第十二讲

一阳初动无阴阳

品性 理性 工夫

你经验过一阳生吗

源头活水

第十二讲

一阳初动无阴阳

前面我们提到正统道家讲性命双修，是从宋元以后开始的。讲到这个法则就要先了解一桩事，了解什么呢？就是“一阳来复”。性命双修之说，是把性跟命也就是心理生理两个合为一体。西方柏拉图的哲学思想，世界分成二元，精神世界和物理世界，实际上两个世界是一体。因为这两个是一个功能所产生的两面，一阴一阳。有关精神世界，就是心性这一面的修养，我们先要了解如何把握“冬至一阳生”的法则。在这个十二辟卦中，一阳初生之处最为重要。

宋朝五大儒之一的邵康节（邵雍），他是研究《易经》的专家，他的成就是跨越时代的。他把易学整理出来一套法则，可谓前无古人后无来者，后面的人到现在为止，能够真正超越邵康节的还没有。讲到“冬至一阳生”的道理，他的见解后来的修道人没有不用的。他的名句是：

冬至子之半　天心无改移
一阳初动处　万物未生时

这个也是“冬至一阳生”的原理，是《易经》最高也是最基础的原理。冬至是子月（阴历十一月）下半的气，子月是复卦，一阳来复的意思。此时天地间阴极阳生，开始了一阳。运用到人的生命上，就是子时，从夜里十一点到次晨一时。所谓正子时正好是十二点整，正子时是子时的中间。他说“冬至子之半”，在每天时间上来说，十二点是子时一半，上一半的子时属于当天夜里，下一半的子时是次日零分开始。

邵康节说“冬至子之半”，冬至是子月一半的时候，宇宙万物到了一个不属于动态也不是静态的时刻。“天心无改移”，平稳极了，这中间是真空状态。这真空的状态是一阳之气初动之先，也就是“万物未生时”。所以佛家讲修到无念，真正空了，才是阳气来之前的境界。

讲到这里顺便提到一件事，在今天这个二十世纪的八十年代，讲到中国文化，尤其讲儒家宋明理学家的思想，我站在学术立场看来，不管政治不论地位，蒋介石老先生是真正通达理学的。如果他现在仍在世的话，我不会提他，不过，百年之后，历史上看他有关儒家的学术成就，会超过他功业的成就。他在世的时候一天静坐三次，每次大约两个钟头。他不盘腿坐，就是平常这样坐着打坐。他有一句名言：“穷理于事物始生之际，研几于心意初动之时。”这是他对于理学的境界，对于心性修养，尤其对于邵康节的研究，属于他自己总结的心得。他在传记里提到过，二十几岁时替母亲抄写《楞严经》、《维摩诘经》，佛经看过很多，靠老太太的督促，对于佛学有一点了解。蒋先生这一副联语，就是邵康节的“天心无改移，一阳初动处，万物未生时”的引申，比理学家东说西说的简单扼要，说得很明白。

我们再回来看邵康节这一句“冬至子之半，天心无改移”。道家所谓天心就是佛学讲的无念真如这个境界。这个时候天心叫做“天心正运”，运就是运动的意思，就是这一刹那之间，指南针刚停在那里，对着南北极最准的这一刹那。所以有些算命看风水地理的，要想懂天心正运就很难了，那是极微之间，刹那之间。所以天心也就是佛家讲明心见性那个阶段，是万缘放下一念不生时。“天心无改移”，这个时候，阳气将要发动，道家叫无阴阳之地，不阴也不阳。也就是佛家讲非空非有，即空即有，所谓止的道理。

品性 理性 工夫

我希望年轻同学们注意，中国文化在秦以前是儒、墨、道三家。儒家以孔子代表，墨家是墨子，到唐宋以后才是儒、释、道三家。老子、孔子、释迦牟尼，这三位都是我们的根本上师，根本的大老师，但是三家的文化各有偏重。佛家是从心理入手，达到形而上道。据我的知识范围所及，世界上任何宗教哲学没有跳过如来的手心的。当然我的知识并不一定对的。道家的思想偏重于从物理及生理入手，而进入形而上道。那么我们也可以说，讲物理、生理入手的修持方法，任何一家无法跳过道家的范围，跳不过太上老君的八卦炉。所以《西游记》里描写孙悟空进了太上老君的八卦炉，一身毛都烧光了，只好躲在炉角里不动，两个眼睛被熏得红红的变成火眼金睛了。儒家则偏重从伦理、人文、道德入手，而进入形而上道。

因此我常常告诉青年同学们，我们三位根本的老师，加上后来两位外国的，耶稣和穆罕默德，都是我们的老师，都不错，各有各的一套学问。他们五个人坐在一起，一定是很客气，彼此相互敬酒。可是他们的徒弟太差了，彼此打架。当然我不是五贯道，也不是三贯道，纯粹是公平的学术立场。所以我说今后的中国文化，要学儒家的品性，我们做人做事不能不学儒家的道理。儒家就等于佛家大乘菩萨道的律宗，讲究戒律，所以儒家非常注重行为。

除了学儒家的品性还要参佛家的理性，你要想明心见性，直接领悟成道，非走佛家的路线不可，否则不会有那么高，不会成就的。同时还要配合道家做工夫的法则，不管密宗、显教，都跳不出这个范围。但是道家的学问不止修道这一方面，中国历史有一个奥秘之处，每逢天下变乱的时候，出来救世，所谓拨乱反正的，一定都是道家的人物。等天下太平了，他们多半走老子的路线，功成身退，天之道也，隐姓埋名，什么都不要。等到盛平的时候，又都是儒家人物出面。

我们懂了“天心无改移”，就懂得阳气真发动的状况。当一个人睡觉打鼾时，实际上没有真睡着，脑子还有思想；当他真正睡着时，原本吸啊呼啊，忽然有一个短暂的不呼也不吸了，动都不动，那是真睡着了。等一下他又吸气了，身体也动一下。所以懂得佛家禅定修止息的，就知道息的境界就是不呼也不吸。在密宗或瑜珈术就叫做宝瓶气，停止了呼吸。这个境界配合心理的“天心无改移”，到了呼吸真正不来不往的时候，思想心念绝对没有了，这个是空灵，要从这个地方起步修道。

修性就是心理方面达到无念，杂念妄想都没有，完全空灵，连空都不存在。这样的清净境界，心理上就是正子时，一阳来复要开始来了。生理上拿呼吸来讲，就是刚才说真正睡着，不呼也不吸那一刹那，也就是生命上一阳将动之处。这两个一定是配合的，一半一半。半斤八两合起来就是中国度量衡十六两，叫做一斤。所以道家术语问你，工夫做得怎样？噢！十二两。十二两就还差一点，完全成了就是一斤。这个道理研究起来很有趣。佛家有没有呢？你看《法华经》上提到的大通智胜佛有十六子，另有什么八方佛等等，这个数字很多，有很多数理的奥秘在里头，同修道都有关系的。这是第一个要了解的。

你经验过一阳生吗

第二个要了解的，修道的人要把握子时一阳来复的阳气。据我几十年来所看到的修道人，把握子时阳气多半都注重在身体上，心理方面不大注重。修道以什么为阳气？什么是一阳来复？以男性生理上来讲，阳举的时候就是。所以睡醒的时候，阳一举就要注意了。有许多学佛的修道的人也问，这个时候怎么办？我常常提佛家的规矩，其实当年道家也是这样，每个庙子差不多天一黑就打钟睡觉，尤其在深山古庙，太阳一下去，现在讲六七点钟就睡觉了。早晨早一点是三点，迟的四点，修行人都起来上殿了。为什么那么早？他配合自然法则这个时候阳气刚刚发动，起床做工夫了，念经的念经，打坐的打坐。做工夫不会漏失。像青年男性的遗精，什么时间最多？如果晚上八九点钟睡的话，遗精差不多都是四五点钟快天亮的时候。一觉睡醒了，醒一下再睡，实际上脑子并没有睡着，那个阳气一动配合生理的欲念，就遗漏了。女性这个生理的现象没有男性明显，但也是有，女性在这个时候精神、生理都有变化。

所以道家就把生理上这个变化认为是精气发动，但是有个观念错了，把有形的精虫当成精，错得一塌糊涂。因此有些人忍精，在要漏精的时候点穴道把它忍住，这是很严重的问题。这一类修道的人一望而知，面孔像猪肝色发乌，乌的外面有一层油光，东一块西一块，两眼愣愣的，憨憨的，都是忍精所造成的，最后或者是吐血，或者是大小便中毒。像这种已变成有形的精，本来是身体正常的新陈代谢，在要排泄出去的时候，你把它堵住了，最后多半是摄护腺（前列腺）出大毛病，严重的会脑神经出毛病。

实际上所谓精不是这个精。所以精之回转，以男性来讲，没有经过睾丸以前还是气，气才可以收回。那么怎么收回呢？一般人就是打起坐把它提上来搞了半天，叫做“运转河车”。什么叫河车？讲到气脉的时候再详细告诉你们。这些人搬运河车，运到脑上面又转下来，转来转去认为身上气脉通了。我常常问他们，转到什么时候为止呢？这是说要有一个限度，哪个时候才不转？转到什么程度？都是问题。

所以一般把这个时候当成子时，阳气发动了，回转来转运河车，打通气脉。转河车之前你先去检查检查有没有遗传的毛病，假使有先天性的梅毒就很严重了，运转河车一到脑子就疯了。所以先要把身体上潜伏的病清掉，不可以乱玩的啊！我是吃开口饭教书那么吹吹的，我不是仙也不敢成仙。

过去我看见许多学神仙的，但我没有看到成功的，而遭遇痛苦后果的我却看得太多了。他们就因为学理不通，把这个当成活子时，就修搬运转河车。实际上身体上的气脉河车，“天地设位”、“坎离二用”，是自然的任运，哪个人奇经八脉不通呀？如果不通就死亡了！血液一定是循环在流通的，这是呆定的法则，不要你去帮忙它，你帮忙反而把它帮坏了。

修道的人要懂得活子时，刚才我们已经提到过，我们身体是个小天地，精神气血流行的法则，同太阳月亮天体的运行是同一个原理，同一个法则。但是每人禀赋不同，胖的瘦的、男的女的、老的少的各有不同。这还不算数，心理的状况不同，古人讲“人心不同，各如其面”，世界上没有两个人面孔相同的。同样的，世界上没有两个人思想是一样的。

换一句话说，高明看相的人，看了面孔就晓得这个人的个性思想，以及他一生的成就与失败，这就是卦象，挂在脸上，你不高兴时就挂出来了；你高兴哈哈大笑，脸上也挂了出来。所以一个人心理的现象表现在每人身上。一阳来复，每人阳气的发生，时间不同，际遇不同，所以叫“活子时”，要活用。也就是刚才所讲的“幽潜沦匿，变化于中”，“二用无爻位，周流行六虚”，这个是阳气真正的发动。

源头活水

说到阳气发动，照道家这个规律，一定要从下面发动。卦象是坤卦到了极点，而一阳生为复卦。密宗叫海底，中医学就是会阴穴。譬如说男性的阳举，女性的生理变化，都是阳气发动。修道学佛许多人因为搞不清楚道理，自己阳举时，心想，糟糕！犯了淫戒，有罪了。这个错误到极点！阳举只是生理变化，如果没有配上男女的欲念，它本身并没有善恶，它只是生命力的现象而已，犯什么戒啊！犯不犯戒是根据心理状况而定。这个生理变化是个活子时，是生命的来源，没有这个还不行。道家也认为这是源头活水，是生命力。大家念过理学家朱熹一首诗：

半亩方塘一鉴开 天光云影共徘徊
问渠哪得清如许 为有源头活水来

不过朱熹那个源头活水不是道家这个源头。真正的源头活水是生命的来源，这时阳气发动不一定是子时来的，不一定是身体下部来的，每人因身体不同而有异。所以有些青年打坐，忽然手心足心发烫了，这也是一种象征呀！道理是什么？“二用无爻位，周流行六虚”。但是有没有理由呢？有理由。譬如这个人身体非常虚弱，他今天学道是想救命治病，所以学打坐。能不能当神仙不管了，至少打坐这个修养现在医学比做冬眠治疗，对身体是有好处的。学动物一样静下来，也就是物理、生理自我治疗的一种方法，所以打坐对治病、对身体健康，只有帮助而没有坏处。说打坐坐坏了，什么神经失常了，那是他自己乱搞，自己打坐想变成神仙，又想得眼通又想得他心通的，那已经是神通的二号，就是精神有病，当然搞坏了。如果说打坐会出毛病，那睡觉也应该出毛病啊！

打坐是一个休息状态，休息怎么会出毛病呢？那只是心理上出毛病罢了！所以你说打坐静下来忽然左手发热，忽然这一边肉“咚、咚、咚”跳起来，忽然肚子里面也搅动了，有些人就吓死了，怕出毛病了。你不是还坐在那里吗？里面跳动你怕什么？许多同学拿这些事来问我，我一听就生气，你是怕有蚯蚓进去，还是怕里头触电？这个虽然不是活子时来，也是气动的一种，只要不去理它，慢慢气脉就发动了。至于说它为什么在这个时候发动，你仔细研究道理就多了。譬如说，左边属阳右边属阴；又如五个手指也不同，这属于心脏，那是肺脏。所以要想真正懂中医，你还有得学呢！

过去大陆上没有专门的小儿科医生。但是我家乡有一位老太太，她几代行医，婆婆传给她，她再传给媳妇，不传给女儿的。那个时候乡下没有西医，每一家小儿生病非她来不可，她一来灵得很。好在我还看到过，所以可以告诉你们。老太太一到，把那个婴儿手抓来，指头掰开一看，喔……肝气，吃一点药就好了。或者喂一点点药，或者她拿三个指头在这个婴儿的身上东一抓西一抓，就退烧了。那个时候觉得不可思议，后来才懂这个原理。大人也一样，身上有了病，指头的气色变化就看得出来，脸色也不同了。

我现在是随便就讲出来，假使在当年想求人家告诉你，这个指头管什么，那你得准备五万块钱，人家干不干还是问题，那可是祖宗不传之秘呀！过去中国人就有这种观念的，不像我在这里什么密宗什么法都公开，因为我认为这个文化不能再秘密了，否则都失传了。学针灸的跟这个都有关系，我再讲一遍，你们每人都欠我五万（众笑）。每一个足趾也一样，分阴阳左右，中年以上的人哪个指头不灵光，就晓得哪个内脏出问题了。

所以学中医真难，除了看指头，还要会看手心的青筋，看手心的脉。手心这个部分还分八卦，分五脏六腑的部位，一看颜色就晓得了。看耳朵也能诊病，现在都知道叫耳诊，从耳朵的气色就可以断定了，跟医院照X光一样。看眼睛也可以，叫眼诊，在中国都有的。有一个老头子懂眼诊，他看病不用按脉，就叫你眼睛张开这么看一下，就知道哪里出了问题。现在都分开了。还有手诊，我看过一本关于替小儿抓筋的书，这三根指头要练过才抓得好。

这都是说明一阳来复活子时的时候，气脉在身体上什么部位发动也不一定，要懂得这个原理，才能够真把这个阳气修长。阳气一发动是性命双修之道的第一步，欲知后文如何，请听下回分解。

第十三讲

中国的文字文化

魏真人的说明

魏伯阳说真空妙有

日月二用与结丹

中国的文字文化

由东汉到魏晋南北朝，大致上文章都是四个字或者五六个字的短句，并不特意讲求对仗。梁武帝的昭明太子，把汉代以来到魏晋南北朝之间，所有这些大文豪的著作集中起来，编成了有名的《昭明文选》。之后到隋唐之间，变成骈体文，所谓四六体的文字，非要对仗不可。比方我们大家念过《滕王阁序》，唐代王勃的作品，“南昌故郡，洪都新府”，这一类都是四六骈体文的著作。每字每句都要对得很工整，意义还要表达得很好，这是中国文学的特色。

可是有一个问题，也是很大的感慨，那时候写公文就很麻烦了。因为要写作公文，程度不好没有办法当公务员，不像现在的公务员，写白字乃至乱七八糟条子都写不清楚。我经常看到一些公文头都大了，只好投降，要去跟他们做徒弟去了，不然看不懂。

古时候公文太高深了，出一张布告老百姓看不懂。到了唐太宗李世民，他本身是个才子，文武双全，中国也安定统一了，他下命令公文要改过来，拿现在话讲是变成语体文，因此，才有唐代的散文改革。这个大家要注意，三四百年之间一个美丽的文体，一下也改不过来。尤其中国人特别喜欢文学。大家讲到文人都提到韩愈，韩愈已经是中唐的人了，他就极力提倡所谓古文。这个古文就是中国上古的文字，是长长短短的语体，但是把话说清楚了。当然不止韩愈一个人，不过他名气大，所以后人推崇他“文起八代之衰”。其实韩愈提倡的古文，在我们现在看起来真是古文，越来越古老了。现在的白话文更严重，这句白话文是讲什么东西，很难了解，一百年以后会比古文还古，大概要很多考据学家来考据了。

现在不是讲文学的问题，我们再回头来看，像魏伯阳真人，他写《参同契》的这个文字，是一种汉体的文字，非常清楚，基本上是四字一句。所以在中国文化历史上，大文章或是代表一个政权最高的文告，多半是这一类文章。这种文章，简单明了，几个字一句，可是很难写的，字愈少意思愈清楚，这是工夫。等于电报体，每多一个字价钱就多了。

魏真人的说明

现在为了我们研究的方便，先跳过一段，看下边一段，“言不苟造，论不虚生”，他声明这一篇文章，不是随便乱写的，讨论这个问题也不是空口说白话，而是有事实根据的。懂得了这个理论，身体上、心理上做工夫要有效验，所以“引验见效，校度神明”，校就是校对，要把理论跟事实比一比。你说我懂得了这个理论，《参同契》研究过了，结果做起工夫来碰到什么境界，或者身上气机跳动搞不清，你这就白修了。不要动不动就问老师，老师不会跟着你，神仙是你要做的，不是老师做的，所以自己一定要弄清楚。“校度”，度就是度量衡的度，一步有一步的工夫尺度，一步有一步的象征。“神明”，神而明之，要你的真智慧、真精神来明白道理，才求得到功效。

现在有许多人修道做工夫，求老师给他一个办法，再不然指头把他一摸，奇经八脉打通了！打通了怎么样？自己也不懂什么叫做通，什么叫效果，第二步又不知道怎么走。况且是不是真通还不知道，都是盲目迷信。修道这个东西，拿我们现在的语言，用个漂亮的名字叫做生命的科学，就是人类研究自己生命的一个科学。普通的科学是靠人的智慧，从物质、物理上去求证。这个生命的科学，修炼神仙丹道之术，同普通科学不同，是要拿自己的身心，整个生命投进去求证的。所以他说“引验见效”，一步就有一步的效果。但是求证不是乱来的，是有次序的，搞错了法则就不行了。我们一再讲，这一部《参同契》是《易经》、老庄，还有神仙丹法参合起来的，不是光说空洞的理论，它是实际的实证指导。

“推类结字，原理为征”，古人最早是没有文字的，大概一个原始的民族，没有文字以前都是结绳记事，这叫“结字”，以前到高山或落后地区的部落还有见到。这个绳子打结不是乱结的，哪一种事情打什么结是有一定的，这是人类的聪明。后来进步了，伏羲出来开始画八卦，八卦就是文字的开始，用图画的，比结绳记事又进步一点，慢慢就有我们今天的文字。现在已经到了计算机打字的阶段，连书法都不要练了。这个“结”字的意思就是形成文字著作，他把这些道理告诉你了，后面我们要“原理为征”，把这些东西融会贯通，懂得这个法则才可以修持。

魏伯阳说真空妙有

我们再回头看这段前面的一行："以无制有，器用者空，故推消息，坎离没亡。"我们讲中国文学要注意，千古文章一大偷，不是一大抄哦，是一大偷，不过要偷得好。我经常讲这个故事，国外国内我常常接到各方面寄来要我审查的文章，拜读后辈年轻人的这些大作，实在很痛苦，尤其看到写得不通的，那真痛苦，所以我不希望有这个荣耀。可是有些地方实在推不掉，那么怎么办呢？当然就只能拜托我的学生这些高足、矮足们看看吧！看完了提意见。

话说有一篇美国来的论文，请一位同学看了，他说老师呀，这篇非常好，而且一定要给高分数的那种。我说那不错啊！很多年没有看到好东西了，很好，很好。他又说，不过你看了不要骂哦！我说这是什么意思？他说因为全篇都是你的，每字每句照抄不误。我说有这种事？我这个人有个毛病，写完了东西自己脑子不记得了。我就告诉他，不高明！千古文章哪个人是创作？都是偷，看怎么偷得好、偷得妙就对了。

这"以无制有，器用者空"八个字，魏伯阳偷老子的，他偷得好得很，只用八个字就把他偷完了。老子说了一大堆道理——"三十辐，共一毂，当其无，有车之用。埏埴以为器，当其无，有器之用。凿户牖以为室，当其无，有室之用。故有之以为利，无之以为用。"老子说的是什么道理呀？这不只是中国文化，包括印度文化的佛家，都讲空能够生有。佛学讲真空妙有，妙有真空；一切存在的东西最后总是归空，空并不一定是没有。佛学翻译成中文叫做空，中国道家叫做无、叫做虚，不叫做空。两个用字不同，但是道理完全一样，表达方式不同而已。

老子说天地间，威力最大的是什么东西？是空，就是无。“三十辐，共一毂，当其无，有车之用”，这是讲车轮子，我们中国古代春秋战国早就用车了。一个车上十个战士都是手执长矛，前面五匹马拖一部车子。那车子很大，假使五部车子并排走的话，这个马路就很宽了——那时土地不像现在有限制，所以马路开得宽。你看秦始皇的阿房宫，拿十丈高的旗过城门，骑马就过去了，那个建筑很高哦！可惜现在看不到了。那个时候的车子是木头做的，中间一个杠子两边套着车轮子，这个车轮子中间是空的，外面一条一条的叫辐，是辐射状的。你说这个三十条的支柱，每一条都互不相干，但缺一条都不行，而每条着力点都在空的这个中心点，中空啊！所以“当其无，有车之用”。

“埏埴以为器，当其无，有器之用”，陶器原本是泥巴所做，没有什么方圆，捏成一个圆的或者方的模型，把它拿火来烧了就变成陶器的碗啦杯啊，就是空中生有。“凿户牖以为室，当其无，有室之用”，还有我们盖房子，屋子里面一定要有空间才叫房子，开了窗门才可以通空气，才可以住人。所以老子的结论是：“有之以为利，无之以为用。”所以有无之间要搞清楚，我们人是用惯了有，觉得生命是有，一切有，有就喜欢。我们讲佛学已经讲过，人要看透这个道理，这个有，一切万有，包括我们的身体，我只有使用权。今天我们还活着，所以这个身体属于我所有，就是我有使用权。等到有一天它罢工了，不愿意再劳动了，我们就没有办法指挥它，因为它毕竟不是我的所有，死了也带不走。活着时它是它，我是我，也是两回事。我们现在的有，认识到生命“有之以为用”，就要把握现时的作用，不要认为没有生命就感到可怜就哭了。不要哭，“无之以为利”，愈空愈好，空了有大利，真到了空的境界就另外产生了新的东西。

所以老子讲了一大堆，我们这位魏真人八个字把他偷完了——“以无制有，器用者空”。你们青年同学写白话也好，写文言也好，文章要会偷，人家的好句子原班不动搬上来很可耻。像我们小的时候写文章偷用古文，老师看到就骂，过来！没有道德！年轻人用古人的文句，好事！但是要注明出处！然后就在我们头上一敲，那个叫“吃爆栗子”，这是轻微处罚。如果忘记了是什么人的原句，可以写是借句。这是我们当年的教育，当年的道德标准，连偷死去的古人都不行！现在就乱搬还盗印，然后把名字都拿掉。我的是我的，你的也是我的，荒唐得很！

现在人乱搞，但是不肯用脑筋，其实你偷人家的文章只要变一两个字就不同了。中国古人每个都是诗人，凡是读书都会作诗，起码会作歪诗打油诗。你看诗，都是风啊花啊水啊月啊，可是几千年来那么多诗，有几句相同过！顺便给大家看看偷文章的做法，魏真人的“以无制有”，中间加了一个东西，就是这个“制”。像我小的时候，如果我能用出来这个字，先生一定说，你这个孩子了不起！然后拿起红笔在字旁边圈三圈，好！好啊！这个字用得好啊！一定这样大加赞叹。

制就是伏，控制的意思。空可以控制有，有不能控制空，是这样的关系。所以修道做工夫是有，就怕你空不掉。学佛也一样，修道打坐在道家讲清虚，结果一般人修道是坐在那里搞气脉，这里动那里动，这里守那里守，然后……嗯！还要打通它。都是在那里搞有！所以搞了半天没有效果。愈空时它的功能就愈发起来，你打坐修道没有效果，因为你心不能空啊！心空了，身体感觉都空得掉的话，这个效果就来了。所以这个“制”是重点，他把老子的道理拿到这里只用八个字，而且自己换了一个字“制”，就把道理讲出来了。“以无制有，器用者空”，“器”是东西工具，一切工具能够起大作用的，都是空的。现代物理学家，分析物质到原子、电子……最后是空的！绝对空的，你绝对找不出东西来。因为空，它就有无比的威力，无比的功能，所以“以无制有，器用者空”。

日月二用与结丹

“故推消息，坎离没亡”，“消息”两个字出在《易经》。消不是没有，消是成长。譬如说一个人从生下来开始，一路上来叫做消，这个功用把它消散掉，所以消是代表有的阶段。息是代表无的阶段，人死了并不是没有，是个大休息，这个大休息以后重生了，所以“消息”是这个道理。很多人不懂“消息”出在《易经》上，把道理搞错了，以为通信叫做“消息”。消就是消耗、放射；息是归纳、培养回来。譬如太阳早晨出来，傍晚下去，这个阶段十二个钟头谓之消；晚上太阳下去了，到明天早晨刚刚上来，这个十二个钟头谓之息。息蕴育了新的生命，又出来了，然后新的生命又消了，所以叫做一消一息。后来不用这个名称，改为“消长”，消就是消耗，长就是成长。

“坎离”是两个卦的代号，后天以“坎离二用”为主。他说“故推消息，坎离没亡”。你懂了一消一息，一有一空，互相成长之间，然后对于宇宙生命这个法则，所谓坎离两卦所代表的身心作用，所代表这个太阳月亮的作用，就“没亡”，就隐没了。

道家到什么时候才可以结丹呢？后头章节会讲到，真的得到神仙的丹药时，则“日月合璧，璇玑停轮”，日月合璧是太阳跟月亮两头挂在那里，彼此辉映。你们诸位有没有碰到这个境界？我在西藏西康、云南看到很多。有一次到晚上太阳没有下去，月亮又上来，这边太阳那边月亮，这个天地是另外一个境界。都说多少年难得碰到一次，我一到昆明就碰到，所以运气好。“璇玑停轮”，璇玑代表北斗七星中央指挥转动，停轮是现在不转了，停掉了。所以这个气脉通，是为了最后达到气住脉停，呼吸停掉，没有身体感觉，身上气脉也没有在转动，心脏都不动了。在佛家“璇玑停轮”叫做定，宁静不动了。修道要到这个程度才谈得上结丹。做工夫到这个时候才符合这八个字——“引验见效，校度神明”。这才叫难呢！不是说打个坐，坐到这里痛，那里气血流动、跳动，以为有工夫了。那是憨夫，不是工夫！是靠不住的。

我们上一次提到过上、中、下三个丹田。有些道家传工夫传你一个地方叫泥洹宫，过去道家并没有泥洹宫这个名词，这是汉朝的翻译来的，实际上是人头顶的顶旋这里。当然没有一个人的顶旋真正是在中间的，这是一个秘密。大概地说，譬如一个人来算命，时辰不知道，那就看你头顶头发的旋在哪个位置来判断。子午卯酉是四正，其他时辰各有偏向，什么时辰是两个旋的？可惜我忘了，你们去研究吧。

学经络的就知道头顶这里叫百会穴，可以扎针的。讲一个事情很有趣，当年我到西康，看到他们修颇哇法，七天念咒子，念得大家脸红耳涨的，然后坐在那里每人头上插一根草，草插得很深，能够插进草就代表死时一定往生西方极乐世界。我到那里一看就跟朋友说，今天可好了！我们去学，我们要插草为记了。插草为记，中国人讲起来像是贩卖东西或人口。他们修道很痛苦的，有些修不成功，插不进去。我说，我来保你们每一个都能够往生西方，都插得进去。只要懂那个穴道的道理，手法懂了，一定就插得进去。但是藏人是难插进去的，他们大多不洗头，头皮厚得很。西藏那个地方也洗不得脸的，头发和皮肤还常常抹牛油保护，不然雪山的风一吹皮肤就吹裂了。这些油在头上堆起来，那个草怎么插得下去嘛！你懂了以后，先把油和这个头皮渣子抠一下，咚！就把草插下去了！

泥洹宫究竟是什么呢？就是佛经“涅槃”两个字的翻译。头顶穴叫百会穴，下面叫会阴穴。在密宗这个会阴就叫海底，海底就是会阴。学瑜珈的就不叫海底，叫灵蛇，也叫做灵热，也叫做灵能，有时候这个地方发暖的。据说这个生命的能是深深埋藏在下面，没有一个人真正能发动。上天给了我们一个身体，我们没有把这个身体的功用发挥出来，做人几十年，都是用一层假的外表。这个身体的生命的功能，它的会阴和百会，上下这一消一息、一升一降之间，有无比的功能在内，这个也就是“故推消息，坎离没亡”。一个人活一辈子没有把它发动，真发动起来这叫阳气发动，要把握住。把握住做什么呢？“校度神明”，一步有一步的效验、效果。这个生命的威力大得很，功用也大得很，所以能够修到祛病延年长生不死，也就是靠这个灵能、灵热的功能。

第十四讲

前三关　后三关

尾闾关　夹脊关　玉枕关

气难下降的前三关

前三关 后三关

道家说，“道者盗也”，好像不做小偷不能修道！事实上怎么叫修道？是要盗天地之精华，硬要用偷盗的办法，把天地的精神偷到自己身心上面来，使自己能够永远存活下去。所以修道是天下的大盗，所谓小周天就是这么一个情况。我们人体前面都很好，样样都很周到，有眼睛有鼻子，呼吸的吃饭的都摆在前面，后面什么都没有。实际上后面属阳，前面属阴。人体很奇怪，所以修道都要懂，更要懂中国的古代科学、物理学。古代的科学也自成一个系统，叫做博物，现在有些学校还有一科叫博物。七八十年以前翻译物理学叫做格致之学，是出自大学“物格而后知致”，日本、中国都是这样翻译，现在干脆就叫物理。

古代这些道理，譬如说女性怀孕了，老太太们一看，哎呀！生男孩子居多！怀男孩子肚子尖的，怀女孩子肚子圆的，因为婴儿在娘胎里头“阳仆阴仰”。男婴是面对着娘，背脊骨朝向肚子外面，女孩子相反。投水而死的男女也不同，男性的尸体浮起来是趴着的，女性的尸体浮起来是仰着的，所以一阴一阳不同。为什么讲这些呢？“男仆女仰”是呆定的，都同修道有关系。道家讲身体有前三关、后三关，前三关是从上到下，眉毛中间的印堂，两乳房中间的膻中，肚脐下面的下丹田，这样是前三关。后三关呢？背上尾闾是一关，还有两关是夹脊和玉枕。从肛门这里上来，这个骨结像算盘子一样，一个一个的，第七个骨节的上面的地方，关系到腰酸背痛等问题，尤其是女性。

说到这里我们顺便岔进来一个禅宗公案。唐代有个文喜禅师，他三步一拜，拜上山西的五台山，要去见文殊菩萨。中国的四大名山，四川峨眉山是普贤菩萨的道场，山西五台山是文殊菩萨，浙江普陀山是观世音菩萨，安徽九华山是地藏王菩萨。过去大陆上有些人宗教情结很强，有些乡下人用一个铁条，从脸颊这里穿过去用嘴咬住，两边挂两个香炉三步一拜，拜上山来，结果把铁条抽了不会留疤，这个是菩萨灵验！不过我晓得他还是要用药的。有些女的手上穿一个洞，挂个绳子吊个香炉，就念起佛来，好多天把香炉挂着，睡觉也那么挂着。人类那个宗教的力量，那个热情很奇怪的。

话说文喜禅师拜到了五台山下，碰到一个老头子带一个小孩。老头子问，你从南方来，南方的佛法、佛教现在怎么样？这个文喜禅师答复得很好，他说，南方的佛教、佛法“龙蛇混杂，凡圣同居”。就是说，有真修道的也有假修的。反问老先生，这个五台山上，一般出家人怎么样？老先生说，五台山文殊道场，显教、密宗的庙都有，我们这里“前三三，后三三”。后来那个老头子还带他到茅棚请他喝茶，茶吃完了后，老先生说你赶快上山吧，就把他赶走了。文喜离开了再转头一看，老头子没有了，原来是文殊菩萨化身，那个童子是文殊菩萨的狮子变的。他拜了好几年想见到文殊菩萨，当面见到却又不认识。

后来文喜禅师多年以后悟道了，就在庙上做饭。有一天文殊菩萨骑着狮子现身，在厨房的大锅上转。文喜本来是要求见文殊菩萨，这一下他反而拿起锅铲要打文殊菩萨，他说，文殊是文殊，文喜是文喜，你来这里捣个什么乱呀！文殊菩萨就升到空中说：

苦瓜连根苦　甜瓜彻蒂甜
修行三大劫　反被老僧嫌

文殊菩萨是古佛再来，七佛之师，修行了三大阿僧祇劫，今天来看他，还被这个老和尚嫌，挨了一锅铲，就骑着狮子跑了。

后世修道的人引用“前三三，后三三”，就是文殊菩萨告诉文喜禅师，修行还是要注重“前三关，后三关”。这是用道家解释禅宗，不一定对！不过文殊所讲的前三关、后三关，这是大的。实际上拿针灸穴道来讲，关口就多了。所以我们看道书所谓“玉液琼浆，下十二重楼，直达绛宫”，当你打坐坐得好的时候，这口水源源而来，是清淡清甜的，在道家叫做“玉液琼浆”，从喉咙的骨头一节一节软骨十二重下来，是“十二重楼”，“直达绛宫”，下到心脏这个地方。口水不是像吃糖、吃饭那么咽，舌头要提起来一点，口水就一直这样下来，口水越来越多，身体越来越健康，至少可以帮助消化，胃功能增强了。所以人老了嘴巴会干，甚至会发苦，就是因为这个功能衰弱了。

尾闾关 夹脊关 玉枕关

一般人打坐修道，不管你走什么路线，最重要的第一关尾闾关就通不过。所谓炼精化气，打通奇经八脉就更别说了。老实讲，三关真通了的人我还没有见到过，很难真正做到《参同契》上说的“引验见效，校度神明”。不要乱吹，真的每一关都通了，内行人一看就知，当然这个内行就很难找了。“尾闾”这一关，打通也很痛苦哦。所以你们修道打坐想身体健康，结果反而腰酸背痛，各种难过都来了，这就要明白道家说“弱者道之反也”的道理，在恢复你的健康以前，是会有一度感觉很衰弱，比没有做工夫之前还要差。“弱者道之反”，也就是老子说的“弱者道之用”。这个原理等于西方人的谚语，黎明以前的黑暗。所以每过一关都感到身体不适，并不是打坐把你坐出病来了，是身体内部本来已经有问题，因为打坐帮你恢复，在恢复的时候，反而有酸痛麻的现象，然后就被吓得不敢打坐修道了，神仙这一条路也就走不下去了。所以你本身没有神仙的骨格，碰到真的神仙，他就算把方法告诉你，你也不会！

我们从粗的观点来讲，人的脊椎骨有很多骨节，一层一层，当阳能的气向上升，等于太阳上升一样，要经过海底爆出来。阳气要走通这个背骨是很困难的，尤其是年纪大身体衰败的人，都是透支过多，尾闾关没有打通。又因为炼精化气做不到，有形的精力到这一关早就漏了，所以年轻人修道的搞成漏丹，到了色欲这第一关都撑不过。就算能撑过关，以后又垮，垮了再来，永远冲不上去这一关。这是讲有形的哦！这还不算是正统的道家，只是讲身体方面“引验见效，校度神明”。

第二关夹脊关，影响到胃，到了背脊两个肩胛骨的中间这一关，更难打通。当年我看到有个修道的人，都七八十岁了，红光满面两眼非常有神，可是背是驼的，跟画上的神仙不一样，所以我后来才懂这些画家没有看到过真神仙。这个老头子是修道的，佛也懂，精神奕奕，身体也很健康，但是他坐在那里好像一只鸭子一样。我们年轻人都叫他老师，反正当徒弟的人都是“道者盗也”，你爱听我们叫老师，我就叫得特别勤快一点，你爱什么都帮你弄，心想你这个道就传给我了。后来跟他熟了就问他，师父，你这个背是从小就弯还是做工夫弯的？他说是做工夫弯的。我说，那修行先要做这个工夫啊？他说是的，然后带我去看他怎么打坐。他人弯起来像个球一样，鼻孔对着肛门，这个本事大了，你们练过芭蕾舞、瑜珈术的不知道做不做得到。我一看他是一个肉球嘛！等一下他出定了，慢慢起来也蛮端正，面带红光。

我想这些人都有道，就像是《蜀山剑侠传》一样，每个都有一套专门工夫！不过我总怀疑道是否这样！像这种道我也不大喜欢。这个人也讲出一套道理来，他说白鹤和乌龟是长寿的动物，白鹤的脖子很长，睡觉的时候把脖子卷起来，鼻子插到屁股这样睡觉的，它的呼吸在自己内部通的，所以能够长寿。乌龟会深呼吸，我曾亲自抓乌龟观察过，大的乌龟次数少，小乌龟多一点，它会慢慢把头脚都伸出来，旁边要很静，你才听得到它吸气的声音。吸进来以后它把头向里头缩，过了两个钟头都不动，这口气保持在那里，这个工夫就叫做“服气”，修瑜珈术和气功都有这种修炼的方式。孔子也讲过“食气者寿”。不过孔子又讲一句话，“不食者神明而不死”，所以孔子也晓得有神仙，这要看《孔子家语》(编按：有些材料不同）才知道。这个“食气”道家叫做“服气”，也叫做“伏气”。

这些奇怪的人物不晓得有多少，都是我亲眼见过的，等哪一天写回忆录也许会把他们都记录下来。那个人讲的理论好像是对的，但我就觉得不对，人到底不是普通动物，人体是直立的，为什么练工夫打坐要把鼻子对着肛门这样通气？他们一家人都修道，他家里头没有椅子，铺席子大家一起打坐，要出定以前，他和太太、儿子、女儿五六个，就像几个肉球在房间内翻斤斗，翻过来翻过去，鼻子对到下部，大概滚了五六分钟，然后再坐起来，人再慢慢直起来。他们的理论就是“伏气”，用自己的元气营养自己，使人体达到长生不死。实际上我后来研究结果，他的夹脊一关就没有打通，四川话讲这个人就成罗锅了，背弯起来气憋在里头，胃呀肝呀都受影响。可是他们是有一套工夫的，都不简单的。

还有一个人，我要跟他学，他不许我叫他师父，要叫他老师。他的头是摇动的，很有意思，因为他玉枕关的气走不通。我们假使把人体分成三节，这个精、气、神三大关要把它打通很难，尤其是玉枕关的气，好难走通啊！你们说，自己是学佛的，四大皆空，何必管这些！你啊，一大都空不了！不管道家、佛家，这个生命肉体的法则是呆定的，等于太阳一定是这个行度。至于说学佛的可以不管它，可是你受它左右就空不了，所以道家、密宗非要把身体搞到绝对的健康不可。绝对健康就是“日月合璧，璇玑停轮”，身体的感受障碍没有了，才可以谈修道。

但是光打通气脉这一步工夫就很难了，规规矩矩修也要十几年。至于说你们诸位，又想赚钱升官又想得道成神仙又想成佛，世界上好事给你占完了，哪有那么便宜的！你来磕个头，老师呀，你要传我！做了三天工夫就想飞到西天去，然后来说，老师，没有效果。去你的！你样样都想，好事不做一件就想自己成佛得道，那我从小到现在几十年，都没有得道，我不是白玩了！我多冤枉呀！所以不简单真是不简单，我讲的都是实际的经验给你们听，平常很少讲，不过你们记起来都可以成为卖钱的文章。

难下降的前三关

现在修道的没有一个是真正道家的人，学佛的也不懂做工夫的重要。我们看龙树菩萨，这位菩萨是中国八宗的宗祖，不论禅密都是他。他懂得医药又知道自己哪个经脉、穴道的气不通。虽然经脉、穴道同修道没有多大关系，但是经脉走通身体不会摇动，才能真正入定。你要看到真正佛菩萨的相，他一定是很端正的。隋唐以前西藏塑的佛菩萨像是对的，一个真正有工夫的人，他的身体到腰部是越来越细，肚子会收进去，小腹越来越充实。不是说这里鼓出一大块就是丹田了，那是肉田，不是丹田。你看一个人肚子大大的，你用两个指头去碰却是松松的。真正修道的人这里是硬实的，并不用力，元气是充满的。当然也不能太瘦，像我抽烟太多，是靠不住的，不要以我为标准。你们看佛像身体是圆的，那是有他道理的。

我们把这个“前三关，后三关”讲了，把这个法则配到人体上，“冬至一阳生”，由海底尾闾背上一直上来，子月丑月一直到乾卦到顶。这个由下面上来叫“督脉”，学医的更要懂了。为什么叫“督脉”呢？督者督导也，是总的、督促的意思。我们人体五脏六腑都挂在这个“督脉”上。五脏六腑从这个喉咙之下，肺、肝、心脏、胃，一直到肠子都这样挂在这个背脊骨上。人和畜生不同，畜生的身体是横的，五脏六腑挂在背脊骨不同。所以佛经里畜生道叫旁生也就是横生。

人这个五脏六腑挂在背脊骨这里，所以这个“后三关”其实不止三关，在没有走通以前，身体很难完全健康。而走通到顶乾卦的时候，多半修得红光满面，这个叫做“进阳火”。阳火上升，阳气上升还没有到“退阴符”呢！上升以后必定要下。到这个时候你不想睡觉了，因为精神饱满而不想睡觉。如果你不懂道理，有时候就会发神经了。

当这个阳气到五脏六腑时，五脏六腑就发现毛病；到眼睛时，眼睛发出毛病。像我每一个机能都出过毛病，我都是亲身尝试了又尝试。有时候为了试试是不是这个道理，我强拿自己的命开玩笑，我偏把它弄坏，弄坏了以后再来。工夫到这一步就要看看是不是这样，三番几次试验确定是这样才罢手，当然随时准备眼睛瞎了耳朵聋了。譬如有一次我试验气到某个地方耳朵会听不见，我仍然去上课讲《孟子》，我讲归讲，但是我耳朵一点声音都听不见。如果把自己身体看得严重的话，一定不会去上课，先去住医院检查。我这个脾气是，格老子充其量死！万一倒下去了，你们诸位一定会为我哀悼，然后报纸登上这个人为学术而努力至死，大家一叹然后把我烧了。还有一次也是讲孟子，耳朵听不见声音，不是气到那里，是耳屎塞住了！有一次一个同学在这里打坐，觉得身上东痒西痒，以为是气脉打通了，结果搞了半天是个蟑螂在身上爬！

刚才说到前三关很难降下来，降下来会怎么样？你过了这一关，眼镜要重配了，你本来假使是四百度，现在减轻成两三百度，可见这个生命的功能强得不得了。到鼻子，鼻子出毛病，并不是鼻子眼睛原来是好的变坏了，而是本来有毛病，这一股生命的力量要通过堵塞的地方显现的。我相信就算是有癌症的话，你工夫真到了——这一股力量道家的名称叫做“丹”——到了那里，像钴六十照射，什么癌细胞细菌都非杀死不可，这个身体所有的障碍都给你打通。这个气降下来就叫走前三关，降下来以后周流，叫做小周天。

第十五讲

穴道与针灸

经脉与医道

生活习惯影响气脉

穴道与针灸

上次讲到十二辟卦的“周天”这个法则，一般所谓的道家讲的两个名称：一个大周天，一个小周天。元朝、明朝以后，道家的修炼方法演变成强调小周天是人体的“任督”二脉，就是背部的督脉，和人体前面的任脉。中国的医学提出来人体有所谓奇经八脉。

提到中国医学，前面讲过，在古代整套的治疗，就是：“一砭、二针、三灸、四汤药”。因为熬汤药麻烦，也有把汤药变成膏、丹、丸、散的形状，那是后来的进步。像伤科的膏药是熬出来变成膏的，丹是一块一块、一片一片的，丸子是搓成球状，散是粉状的。以前中药店请一个师傅，第一就要考他这个膏、丹、丸、散是不是都会，这个技术可以说是中国古代医药的手工制药业。

所谓针灸是要下针入穴道的，这个人体的穴道是中国老祖宗独特的发现，很早就晓得有三百六十几个穴道，配合道家和《易经》的思想，太阳在天体的行度一天一度，这个躔度一年有三百六十五度多一点。事实上，我们现在发现穴道有四百多个，甚至不断还有新的发现。除了在哲学上配合太阳系的行度以外，我们古代也有实际的人体解剖。我在讲中医学的时候常常说个笑话，西方医学的发展虽然比较迟，可确实比我们的准确多了。但是他们的解剖学是拿死人来解剖的，所以他们的生理学我说不能叫生理学，而是死理学。

中国古代用解剖来发现穴道是很残忍的，是拿活人解剖的，就是把死刑犯做解剖。历史记载殷朝的纣王非常残暴，因为他也好奇，就让医生解剖犯人来找穴道。王莽时候也做过同样的事，把判死刑的囚犯拿来当场解剖，太医院的医生都站在那里对证，看有没有这个穴道，是不是这个穴道，位置是否准确。到了元朝，成吉思汗的宰相耶律楚材制作了准确的铜人图，把医学没有求证完备的这些穴道都补起来。元朝这个宰相实际上是金国人，这个人是满蒙种族里一个了不起的人物，天文、地理、政治、军事无所不知，同时也学禅宗也学道家，样样都懂得，医学尤其好。他很多的医疗经验是在战场上就地诊治受伤战士摸索出来的。

这个针灸的穴道，要配合十二经脉。在座的年轻同学现在一窝蜂学习针灸，真正要懂十二经脉的哲学原理就要了解《易经》的十二辟卦。前面我提到过“子午流注”，这个是气血流动的道理，武术里的点穴就要配合“子午流注”。依我的一点点经验，如果把点穴同针灸原理配合起来，治病可以不需要针灸，一个指头炼好就可以治病。可惜这一门功夫现在几乎失传了，这些学问很多流散到民间，甚至到海外去了。我们中国的医学留传到韩国与日本，这一派汉医普通称为“东医”。有一部《东医宝鉴》，是韩国、日本关于汉医的书，很值得一看。

经脉与医道

上次提到古代的小儿科，为婴孩诊病，不是摸脉，只是拿指头来看，从指头手心的颜色就可以判断病情。又譬如刮痧，也是一个专学，很多病拿块石头刮一刮，或者是在皮肤上放一点血，病马上好了。有一位朋友患血压高，他就自己放血，方法是拿个针在头顶百会穴，咚！一下，只有一点点血出来，人就舒服了，血压马上下降了。这个话我只是讲给大家听，你们千万不要去试。这个朋友不懂医，是自己乱搞碰巧成功了。后来我告诉他不如在脚部放血，在头顶上放血毕竟危险。

当年乡下这些所谓放血，有一种民间古老的“挑”法，叫做“挑羊毛疔”。我现在很后悔，当时不肯学，认为这些是迷信，真可惜！有些老太太不一定识字，看她在病人背脊骨一块一块地摸，哦！在这里！随便拿针这里一挑，只是挑破一点点，一抽就有一根白白的毛，抽出来病人就舒服了。这个东西有些地方叫做发“羊毛痧”，也有些生疮的叫“羊毛疔”，一挑就好了。看起来好像很土很俗气很古怪，实际上是人类文化几千年的经验累积的结晶，原理不需要知道了，也不懂，但是它实用。

在十二经脉以外，有奇经八脉。这个“奇”，不是奇怪的意思，这是《易经》的一个名称，双数为偶数，单数为奇数。奇经八脉就是单数，不属于十二经脉，十二经脉是六阴六阳相对的。所以讲针灸的道理，“病在上者，其治在下”，治疗的时候不一定头痛医头，脚痛医脚。“病在左者，其治在右”，同样的道理，“病在下者，其治在上；病在右者，其治在左”。什么理由呢？因为人体的神经以背脊骨为中心点，是左右交叉的。人体的神经为什么这么古怪？因为人体有骨节，我们手要扭动，所以经脉会这样转弯。

这个道理在《易经》上有一句话，“曲成万物而不遗”。老子发挥这个道理，说了一句名言——“曲则全”。人体是一个完整的系统，它的神经左右交叉，不只左右交叉，还上下交互，同画卦一样。因此中医才讲“病在上者，其治在下；病在下者，其治在上”。为什么老年人两腿没有力气，走不动了？光医腿还是成问题，他的腑脏不健康了，荷尔蒙分布不平均了，或者是自律神经，或者是某一部分系统有了问题。光是头痛医头、脚痛医脚是不通的。所以中医原理同道家、《易经》、老庄、修道有密切关系！因此必须要熟读《黄帝内经》，其中包括《灵枢》、《素问》两部分。再要了解《难经》，“难”就是问难，一个一个问题提出来，提了“九九八十一难”，讨论最难治疗的病在什么地方，都是医理学的问题，所以《难经》读了不一定能医病。

这些都同奇经八脉有关系。所谓奇经八脉，指独立于十二经脉以外的一个系统。普通所讲督脉都认为是背脊骨一直上来，从尾椎骨开始，一路上来到后脑这个地方。其实不止上到头顶，也从后面颈部转到脑内。所以上次提到过，同善社演变到现在的一贯道点窍，乃至很多的旁门左道守窍等等，它的基本理由是督脉的顶点在眉间这里。实际上是不是如此，在医学上还是个问题。离开医学，光讲气脉之学也是问题。所谓任脉就是从小腹开始，下来到男女的生殖部分会阴，一路上来则到咽喉。还有中间环腰的这个叫带脉，女性要特别注重的是带脉。

这里有好几位同学要想考中医，我是很反对的，因为照现在的考试方法，你们都行，都很高明；但是照我的标准，你连《黄帝内经》都读不通，也解释不了，然后去考医，那是不应该的。所以有一两位同学考试通过，听我的话不敢给人看病，宁可开药店算了。因为有几次看病开药，病人吃了以后没有好，处方拿来我看，他方子开的都对，不过我说不能那么用的，因为有年龄、性别的不同，你不晓得活用。

我说带脉对女性重要，大家听起来以为是笑话，学医的修道的都要注意，因为女性的生命能在上身。刚才讲的阴阳相反，旧时母亲和祖母她们那个长头发，要坐在梳妆台梳个把钟头再盘起来，上肢并不觉得累。可是你叫男性学女性两手伸直拿报纸，半个钟头不准掉下来，他绝对受不了；女性就没有关系，受得住。

男性的生命能在下半身，你叫他立正站一两个钟头站得住，你叫女性立正站一个钟头，那要她的命！女性站不住的。所以你看男人走路，是膝盖头在动的走。年纪大的男人，膝盖头不大弯得动，走路就不是那么灵便了。女性走路是臀部摇动走的，这是两性的不同。所以中医望、闻、问、切，病人一进来已经看出来了，这是知识。我有时走在朋友后面，看到这人走路两个手不甩动，我会说注意哦！心脏可能有问题，去检查检查吧。因为大部分心脏有问题的人，手臂就不动了，你们走路感觉一下，两手是不是平均甩动。

生活习惯影响气脉

实际上外形出问题就是因为内部出了问题，面相就看得出来。譬如鼻子歪了，或嘴歪了，那是习惯一边睡，他应该反过来睡几年，鼻子慢慢就会正了。这虽是笑话，但要注意，一个小动作有时可以治大病。我们的健康自己都知道，尤其到了中年以上更明显。所谓“五十肩”也叫“肩凝”，肩膀这里肌肉神经凝结住了。中年这两个肩膀难过，走路时两个手就不大甩动了，就像戏台上的曹操一样，脖子也僵了，头不能随意转，也经常会痛。所以自己要晓得运动，晓得调节，才能保持健康。

我举几个例子引申“前三三与后三三”，现在还没有离开这个题目，这一条一条发挥起来都与用功修道有密切关联。前面讲过女性要注重带脉，有时候劝我们这些中年女道友，把肚子练小一点，腰粗了就表示你生命的能量不凝聚了。譬如看到一个年轻朋友肚子很大，爱喝啤酒，他还自称练过气功，我在他肚皮上一抓有两坨肉，这就不好了，因为气不“凝聚”。真正修道也就是“神凝气聚”。

你们学医的同学，好好立志去研究，把东西文化融会起来。学医是为了对人类生命的学问做贡献，假使学医只为了容易赚钱，那不值一谈，动机就不对了。佛经有一句话，“因地不真，果招纡曲”，动机不正确，不会有正确后果的，所以我再三强调这一点。

例如督脉就是中枢神经系统，人体以这个背脊骨为中心，我们五脏六腑都挂在上面；任脉是自律神经系统。有时候年纪大的人肌肉歪了，讲话会抖动，在医学上就是自律神经失调。所以任督二脉是很重要的两大神经系统。现在医学归纳人体有七大系统，骨骼系统、神经系统、荷尔蒙内分泌系统，有脑下垂体、甲状腺、肾上腺等等多得很。还有消化系统、呼吸系统，各有不同。科学及医学的进步，对我们旧的东西有新的帮助和了解；对于现在研究道家的学问，研究生命的道理也有帮助。

但是到现在为止，世界上真能贯通中外古今医学的人还没有，因为办医学教育的人多半都偏重一边，不大了解沟通的重要。我相信道家与中国医学的东西如果结合西方医学，对人类保健和疾病治疗的贡献会很大。有时候我发现有些很严重的病，只要懂了这些病理，两毛钱就治好了，乃至不花钱；再严重的病，常常一个动作就治好了。

所以我常说，西医救命，中医治病。有些急症，例如胃出血了，你不相信西医，不赶快去打针，偏要去看中医，那你自己找死。你认为三个指头把脉非常准确，我却觉得不大保险。中医摸脉叫做三指禅，这个不是禅宗的禅，不要搞错。凭三指真能够判断到内部的全体吗？那太难了。除非你打坐工夫已经到了二禅以上，或到了“心物一元，自他不二”的境界，那时你这个指头把脉并不是光靠脉，是靠心灵的电感，自己与病人的身体合一了，才能体察出来病症。几十种脉象，要靠三个指头去感觉，粗细浮沉长短迟速，还算容易感觉，有些脉就比较难体察了。三个指头摸人家的脉，嘴里还跟人家讲话“股票今天怎么样？美钞多少钱啦？”如果碰到我，赶快把手抽回来，宁可自己去抓药。再看老前辈把脉的时候，眼睛一闭，叫他都不理，那才是真把脉。有时候迟疑十几分钟手不拿下来，皱眉头去体认。现在是随便摸摸就开药方，这种医生不看也罢。

我们再讲回任督二脉，常常有人找上我，我也不认识他，“想请教老师一个问题，我的任督二脉打通了。”还有的说，“我的奇经八脉都通了，下一步怎么样?”我只好说:“对不起，我的任督二脉在哪里我都还没有找到，我没有办法答复你。关于奇经八脉，我听过这个名称，你都通了的嘛！我就更没有办法贡献你。”很多人认为自己打通任督二脉奇经八脉了，我说你这个叫做“凡气通”，是凡夫感受的状态，不是真正地打通任督二脉，为什么?这个里头要研究了。

我们把背脊骨这个叫做督脉，背脊的这个骨节是一节一节这样套上去，四面八方都是神经系统，像电缆一样。所以有些人胃痛难过，在背上那个骨节穴位针一针，灸一灸，通一下电，他胃就好了。因为胃的微细神经系统挂在那里，那里通了，胃蠕动的功能就好起来了。这是一个简单的例子，详细的还不止如此。这个背脊骨节是像电缆一样的神经系统，这样绞包下去。请问这个督脉假使通了，是骨节外边这些神经系统电缆通了呢?还是骨节里头?我们的骨科大夫周院长，他是正牌的西医权威，坐在后面“监视”我，我讲错了他会笑我的。骨节里头有骨髓，这个骨节中心是空的，如果骨节外面气走通就是你说的气通了，那只是神经系统的感觉来的。骨节里面骨髓的气不是那么容易感觉到的。将来我们有机会请周院长来给我们上一课，讲解这个骨节里头外头的细部结构。

我讲一个自己的经验。我的一个孩子在七八岁的时候，有一天夜里上吐下泻高烧，我这个土郎中束手无策，医生对自己的家里人不敢下手，赶快就叫车子送医院。一进去，挂急诊还等了半天，来了个年轻医生，很神气派头蛮大的。来了以后也不问，就把这孩子的衣服拉起来，说要抽脊髓化验是不是脑膜炎。我说，不准！我心里想你们都是实习医生，就算是真正医师来，抽脊髓也不准！我问他有别的方法吗？他说没有，我就说不看了。我晓得小孩子抽了脊髓将来问题多得很，非常严重。我有个小师弟，学问好，工夫好，当年抽过脊髓，到现在总是脑力不够、散漫。所以我不让他们抽脊髓，就抱起孩子去找我认识的一位余医生。他一看说很严重，开了美国新到的一种特效药。我让太太把孩子抱回家，自己上街去找药房，半夜十二点多，敲开几间大药房都没有这个药。

我只好再挂个电话吵醒余医生，告诉他这个药买不到，能不能换别的药？他说最好是这个药，但是现在这个情况，你回去买一瓶汽水给他喝喝再讲啦。我一听晓得他很疲劳了，高明的医生也很可怜的，昼夜不得休息，要体谅人家。我想想自己的孩子嘛，生死有命，听天由命吧！我就把余医生当菩萨，买汽水回来给他喂了半瓶，结果他也好了。所以脊髓千万不要轻易抽的，抽不得呀！脊髓抽掉非常难长回来。这个不是道家炼精化气，脊髓虽然不是真精，但的确是精的重要一部分。后来我这孩子在美国读到大学，回来说他跑步运动都是第一。我说你还第一呢！七八岁时候我如果放松一步，你这个脊髓一抽，你现在的背就是弯的。这就是经验，要懂得这个道理。

第十六讲

各家各派的气脉说

神光落地的人

气脉真通和假通

各家各派的气脉说

现在西方世界很流行瑜珈术，印度的瑜珈术渊源久远，同佛教本师释迦牟尼佛是一个时代，都是印度文化的支流。现在普通讲瑜珈术是指身瑜珈，是运动，身体的动作。身瑜珈也很高明，同中国武术的所谓南派的工夫，武当派的都有关联。念咒子是音声瑜珈，另外心瑜珈是心理方面，在印度已经失传了。我们中国翻译的佛典中，很重要的一部是弥勒菩萨的《瑜伽师地论》，有一个学派叫瑜珈学派。瑜珈是中文音译，瑜伽师是指学瑜珈专门修道的人，“地”则是一层一层的程度。《瑜伽师地论》是唯识学派所讲的，是如何由凡夫求证成佛之道的著作，可算是印度的哲学、宗教修养方法。它分成十七地，不是讲程序，不是讲成就的阶段，是把这一套修持的学问规范成十七部分。

现在世界上好几个瑜伽大师都是印度人，有的三岁就有神通，譬如你们年轻人喜欢看的一本书《大师在喜马拉雅山》，他就是一个。这一类走的是印度教的瑜珈路线，他们傲视一切，认为天上天下唯我独尊。他们是有些神通，各种各样，都称教主了。前几年禅宗在美国、欧洲不得了，后来又风靡瑜珈。现在欧美有一个新趋势，就是极力崇拜中国的道家，不过没有几年也会下去的。你们要注意，不要看到人家一窝蜂，就认为我们中国人了不起——不是你了不起，那是中国的祖先们了不起！虽然道家开始流行，但是瑜珈术这个新生的气象还没有下去，并且影响越来越大。譬如天主教、基督教很多也在研究打坐，都是受瑜珈术影响。瑜珈术也有打坐，也有禅定，所以禅定是共法，学过佛法的要知道，不要自己闭门称王。

瑜珈术后来经演变又进入佛家，与密宗在修法上合在一起，讲三脉七轮。根据奇经八脉的说法，我们人体是立体完整的，就是冲脉（中脉）、任脉、督脉、带脉、阴跻、阳跻、阴维、阳维这八个大方向。瑜珈术没有管奇经八脉，它将人体从中间剖下来，垂直平行的有三个脉，下面到上面有七轮是七个部位。学密宗的人一定碰到这个问题，正式学密宗不是光念咒子、灌顶一下，这些不算数啊！正式讲到密宗的修持大法，不管红教、白教任何一教，非以这个三脉七轮为中心不可。所以在修法上，就是先修气，后修脉，再修明点拙火，等于中国道家讲炼丹。这样修下去，这个色身才会成就。

三脉是中脉、左脉、右脉。七轮是海底、肚脐、心轮（心窝处）、喉轮（女性不明显，男性有喉核）。喉轮在道家叫做生死玄关，我们摸摸喉骨，是两个扣住的，修成了会打开，内部就打通了。所以有些人讲气脉通了，只要在前面一站，连我这个外行大致看看，就知道生死玄关打通了没有。如果打通了，尽管有这个骨头在，它的形象是两样的。喉轮上来是眉间轮、顶轮，外面还有梵穴轮，一共七个部分，但是中脉是最重要的。

有一派学密宗的人，攻击中国的道家是外道，只有密宗才是正的。我这个人素来喜欢打抱不平，当着西医我就说中医好，当着中医我说西医对；当着密宗我说道家比你们高明，当着道家说密宗比你们完整。所以我一辈子四方八面都挨骂，反正不讨好。我觉得偏见很可怕，因为各家有各家的道理，是你没有融会贯通。这个三脉七轮是以中脉为主，有的学密宗的，认为中国奇经八脉没有中脉；我说奇经八脉有中脉，中脉在《黄帝内经》叫冲脉，《内经》上这个“冲”，实际上也就是这个“中”。

瑜珈密宗所讲的中脉是由海底起，通头顶梵穴轮，打通了就和宇宙相通，等于庄子的话，“与天地精神相往来”。很多人，不论学佛学道的，都认为自己的中脉已经通了，这是不能开玩笑随便说的，现在我先把学理根据告诉诸位。我必须要先声明，我没有通哦！真正脉轮一节一节通了，一定有一节一节的象征，有一节一节的作用。脉轮通了他本身的神通智能一定具备，那不是开玩笑的。你身上发胀了，不要自认为气脉通了，这是个科学，不是凭你自己的想象。

我常常问人，气脉通了转河车，要转到什么程度为止？他就不晓得必须要转到“日月合璧，璇玑停轮”，最后没有身体的感觉，身体好像融化了。融化了就不谈气脉，没有气脉问题了，所以最起码要能忘身，忘掉身体。前天几个老朋友做新鞋子穿，我也陪他们做了一双罗汉鞋，大家穿起来脚痛。我说慢慢来，鞋子穿到旧了才会舒服。庄子有一句话，“忘足，履之适也”，穿鞋子忘记了自己有脚，那是鞋子穿得最舒服的时候。可是这时候鞋子也快要破了，新鞋子固然值钱，穿下去忘不掉脚啊！就是不舒服。

同样道理，我们打坐还觉得有身体在，还有气脉的感觉，就说奇经八脉都在通啊！放光动地啊！证明你还没有忘身。就算是你忘掉了身体，还只是初步，这个肉身还没有脱胎换骨。能脱胎换骨变化了以后，就算是老人的身体，也会骨节柔软得像婴儿。有些学密的人，不承认督脉与中脉的关系，但是瑜珈术不同，瑜珈术认为中脉在背脊骨这个骨髓的中心，细如牛毛，讲得有形有象。真正脉轮通了的人，不要闭眼，自己身体内部都看得清清楚楚，那叫做内照形躯，也叫内视。内视就是反转来看自己，透视自己的血液流动，以及内部各个地方，都看得清楚。

神光落地的人

中国讲修道还有一个名称，“长生久视之道”。所以这几年我叫你们赶快修白骨观，释迦牟尼佛传的这个密法有很大的深义证验。我们一般人，年纪大了眼神神光落地，所以魂魄就向下走了，这并不是说神仙堕落了。因此我们附带讲到禅宗，禅宗的法门素来不谈工夫，因为谈工夫就不是禅宗了。可是禅宗处处是工夫，譬如说云门祖师讲，“我有一宝，秘在形山”；又譬如临济祖师说，“人人有一无位真人，天天从面门出入”。这些都是在讲工夫，可是一般人不了解。

说到眼神，我们提一个公案，与这个是连起来的。宋朝有一位宰相叫张商英，在禅宗里很有名，他是大彻大悟、在家成就的，临死的时候威风凛凛，真了不起。他苦读出身，考取状元，开始是反对佛的。他的太太是富人家的女儿，喜欢研究佛，学问也很好。他看到太太读的佛经就很生气，因为古代佛经所谓“装潢严丽”，装订得非常好，用布包起来。他对太太说，我们圣人孔子的“四书五经”就马马虎虎，那个外国人释迦牟尼，他的书却包得那么好！他气不过，要想写一篇无佛论来反对佛。太太说相公啊！既然没有佛，又何必论他呢？他听了就把笔放下了，对呀！这一棒打得很厉害，所以会当太太的用不着跟丈夫吵架。有一天他太太在看《维摩诘经》，他跑到后面看看，这个太太就抓到机会说，相公，你也看看人家讲些什么嘛。他一看就放不下来啦，从此信佛修道了。

与前面这则公案类似的是唐朝的儒家李翱，他是韩愈的弟子，写过一篇《复性书》，讲心性之学大大有名。李翱最初也是跟着老师反对佛的，后来被派到湖南当太守，就是湖南省长。他听到有位禅宗祖师叫药山禅师，名气很大，所以就去看他。唐朝的太守比现在的省长权大多了，有生杀之权，是一方的诸侯。他到了山上庙子里，这位老和尚坐在太阳下面看佛经，太守站在后面，老和尚头都不回，故意不理。李翱个性很急躁，站了半天看他头都不回，很生气，拂袖而去，讲了一句话——“见面不如闻名”，等于我们现在人讲“久闻大名，如雷贯耳，今日一见，不过如此”。

这时老和尚回头对他说话了，太守啊！你何必“贵耳而贱目”呢？老和尚反击他一下，太守你何必把你的耳朵看得这么宝贵，看不起你的眼睛呢？这个李翱一听，吃惊了，赶紧回头请教，谈了很多，就向他求道。药山禅师没有讲话，手向上面一指，下面一指，就完了。李翱不懂，只好问了，师父啊！这个不懂，你明白告诉我好不好？药山禅师就讲：“云在青天水在瓶。”看起来是一个文学句子，这个里头就是工夫境界了。

药山禅师讲了这句话，李翱就懂了，当时就写了悟道的偈子：

练得身形似鹤形　千株松下两函经
我来问道无余话　云在青天水在瓶

“练得身形似鹤形”，由这句诗了解药山禅师人很高很瘦，是脱胎换骨了。“千株松下两函经”，松树下面摆了经书在那儿看，好一幅画面！“我来问道无余话”，药山禅师指上又指下，因为李翱不懂，师父只好在文学方面引导他，“云在青天水在瓶”。我们大家不要给他骗了！药山禅师真的只讲这个意思吗？不完全是这个意思，“云在青天水在瓶”，差不多，还不是那个道。

李翱认为自己悟道了，所以写了这首诗给师父，然后问药山，师父啊，假使悟到这个程度，后面还有事没有？后面还有工夫没有？然后药山禅师又吩咐李翱两句话，是说下山以后如何修持：“高高山顶立，深深海底行。”后世道家认为人身这个海底，究竟是不是禅宗祖师讲的这个海底呢？这是个大问号。禅宗不给你说明，非要你参不可，所谓要自证自肯，那是靠悟得到的，不然没得力量。以普通的道理来讲，“高高山顶立，深深海底行”就是儒家中庸所讲的“极高明而道中庸”。见处要高，可是工夫要踏实，要从做人做起，从戒、定、慧基本做起。这两句话同后世的道家，佛家密宗、显教做工夫有密切的关系，诸位可以自己去研究。引用王阳明的一句诗，“道是无关却有关”，你说是不相关吗？有相关；你说有相关嘛，不一定相关。药山禅师又告诉李翱：“闺阁中物舍不得便为渗漏。”换一句话说，男女情欲这一关不过，永远不成功。等于《楞严经》上说，淫根不除要想得道，是像蒸沙成饭一样不可能。

相隔差不多两百年左右，宋朝的张商英悟道了以后，看禅宗的书看到这一段，认为李翱没有大悟，没有得道，所以他写了一首偈子：

云在青天水在瓶 眼光随指落深坑
溪花不耐风霜苦 说甚深深海底行

我们讲了半天就是为了引用这一句话，所以费了很多时间。“眼光随指”，眼光跟着指头“落深坑”，落在深深的坑里头，落下地狱去了。张商英的诗很高明，批评李翱没有证道。“云在青天水在瓶”，一般人把这个境界当成与气脉通相等，有人打坐学佛到达这个境界，念头空了，“万里青天无片云”，想永远定下去，以为对了。张商英认为这真是笑话，是“眼光随指落深坑”。

人要死的时候是眼光落地的，因为神散了。修道要神凝气聚，如果神凝不住，气就散了，所以“眼光随指落深坑”，可见神凝不住收不住了。自己神不凝气不住，道没有修成功，就没有办法出来弘道。所以我经常说修道容易成道难，成道容易行道难，行道容易弘道更难。所以张商英说“溪花不耐风霜苦”，你经不起那个魔障，像百花碰到秋冬天气，生命就萎缩下去了，你有什么资格说“深深海底行”！

气脉真通和假通

关于这个气脉的通畅，三脉七轮如何打开，七轮打开以后就是中脉通了，密宗认为中脉通了是第一步成功，不算是道哦！今天就是给你小周天、大周天、奇经八脉、三脉七轮，都搞通了，也不算道，这只是助道品的初步，才有个基础而已。换一句话说，学禅学佛的人这样才可以进一步谈禅定了。不然你定不了，你身体的障碍化不掉，不能脱胎换骨。所以“溪花不耐风霜苦”，你有什么资格说甚“深深海底行”！

很多人在感觉上通了，认为气脉真通了，到时间不打坐就难过，然后讲这是工夫来找我，说得神乎其神。真是可怜，因为你那是个病态啊！你身体不能轻灵，始终被身体感觉状态困住，到那个时候有周期性的难过一来，你非要坐一下不可。你不能够意念一定，神凝气聚就把它化掉！你做不到，这叫做工夫吗？这不是自欺欺人吗？所以我说这个叫做凡气通，只是身体的感受而已。

昨天还有一个朋友讲身上的气自己转起来，这是气脉，不过非常粗浅。我们如果把它归类，这是道家讲气脉之道的导引工夫。导引工夫发展下来的有五禽戏，后来的八段锦，乃至各种内功气功的修炼，还有我经常讲的天台宗。天台宗是中国正统的佛家，是隋朝智者大师在浙江天台山创宗立派，山内山外之学。山外就是在家居士们也可以学的，修止观法门、六妙门及呼呵嘘等六字诀。慢慢发展下来的气功有三十六步的工夫，流到日本还保存了一部分。我认为这一类的气功都属于导引。导引也是帮助修道的基本锻炼，先把身体锻炼到健康无病，再来下手修道。否则修道工夫是为治病在做，求祛病延年而已。

现在一般把这个感觉转来转去叫做小周天，把人体前后的任督脉配十二辟卦，一阳来复的复卦，从后面督脉到顶是乾卦，前面下来配到坤卦，认为是小周天，这个还勉强可以。但是我们要千万记住，根据十二辟卦，五天为一候，三候为一气，每个月十五晚上，圆满的月亮从东边上来，这叫中气，十二节气这里叫中气圆满。六候为一节，节是阶段，越过另外一个阶段，所以一个月叫小周天。在身体上那么转，因此有所谓“进阳火，退阴符”的说法，这是元朝、明朝以后的讲法，是身体修道的解释法，我没有下结论说对不对，如果真正了解了这一面也可以。退一步来讲，你们同学打坐，有时候精神很健旺，今天坐得很好，境界很好，心境很清明。没有念头，心情又愉快，可以说是阳火充沛，下一步一定大昏沉，要想睡觉了。那个昏沉也不错，那是退阴符，闷极了以后阳能又起来了。阴阳谓之道，有正面也有反面。所以我叫大家记住这句名言：“日出没，比精神之衰旺；月盈亏，比气血之盛衰。”可是这还只是讲到后天小周天的道理。

第十七讲

伍柳派的大小周天

河车 周天 导引

河车不转又如何

筑基成功了

伍柳派的大小周天

我们讨论到一般道家流行的所谓小周天、大周天这些观念，普通认为小周天就是以我们这个身体为准，所谓前三关、后三关，甚至打通任督二脉转一圈，这个叫做一周天。特别注重提倡这个说法的是元明以来，道家有所谓伍柳派——伍冲虚是老师，柳华阳是弟子。伍冲虚的著作《金仙证论》，柳华阳的《慧命经》，都是很有名的著作。伍柳派是过去道家最流行的一个支派，讲神仙之道、修炼长生不老之道。事实上，《慧命经》和《金仙证论》是引用佛、道、儒三家合一的。中国文化几千年来有个大重点，从南北朝以后，所谓三教合一，到现在还在争论中，也没有统一过，但是也没有分化过。这两本著作，反映了中国文化特点，就是经常引用佛经、儒家、《易经》、老庄等等。不过有一点，所引用佛经的观念都错了，而且所引用的所谓《楞严经》的话，却是根本没有的。

所以在学术上，许多道家的书，不能使人产生兴趣，不能生起信心，因为他们经常靠执笔扶鸾的东西来引证。扶鸾是扶鸾，扶乩是扶乩。所以真正一讲学术，伍柳派的立场就垮了，因为无所根据。《参同契》不同，那是有所根据的，不管修道与否，其学术价值始终是留传万古的。清末民初的印光法师，是佛教四大长老之一，本是儒家秀才出身，后来学佛，专门提倡净土，是这一代净土宗的祖师。印光法师对伍柳派的这些修持方法骂得很厉害，经常骂他们是魔子魔孙。这一点我觉得老法师言之太过了，不免有一些宗教对立情绪在里面，欠缺一点客观。实际上伍柳派这些著作，印光法师大概没有完全研究，假使深入一点，还是会敬佩他们的。

伍柳派是绝对禁男女之欲。所谓漏丹不漏丹，这个名称你们注意，我看有些同学们写笔记写成“落丹不落丹”，不是“落”，是漏掉的“漏”。这些都是从伍柳派以后才成为道家的观念术语，佛家也照样用。伍柳派认为男女破身了，或者男性有其他的猥亵行为，当然犯戒，修道自然不能成功，就是有遗精也不行。等于《楞严经》上说的，淫根不除，要想得到真正的禅定，如蒸沙成饭，意思是说，修道也是白修。

伍柳这一派修法讲大小周天道理，强调“不漏”。它的工夫也强调从这里起手，所以注重“一阳来复”，就是生理上气机发动的时候，也就是阳气发动的时候，开始下手修，一直修到断欲，才能打稳基础。伍柳派认为，男女之间一百天不漏，这是以身体来讲，叫“百日筑基”。一百天不漏丹，差不多普通人也能做到，二三百天不漏丹的也有，这个里头是另外的问题。能永远继续达到色身绝对不漏，当然先要“炼精化气”，才有后来“十月怀胎”的修炼。怀胎是根据道家的话，就是张三丰祖师在《无根树》上提到，“男子怀胎笑煞人”。他们认为，男人有怀胎的现象，当然不是中年发福肚子大起来，是指入定生出了身外之身。道书上画的头顶上一个小婴儿出来，一般人看了都是想象在打坐时，头顶上出来一个我，叫做出阴神。伍柳派并不一定是这样讲法，不过那些道书上，下手画时观念已经错了，所以会引出来这些误解。

“十月怀胎，三年哺乳”，一个婴儿养大要三年哺乳，然后“九年面壁”。这么一算，由一个普通人开始修道，修成神仙要十二三年时间。我经常算这个账，你看我们六岁开始读小学，十六年辛苦读到大学毕业，然后可怜兮兮地找老辈写封介绍信，拿个履历找工作，头都碰破了不过只拿几千块，除了房租吃饭以外，大概买两件衣服刚好够用，如此而已。算算这个账，十二年的辛苦可以做神仙，太划得来！但是几人能够做得到？伍柳派这些书都很容易买到，现在有些地方把这些道书叫做《伍柳仙宗》，不叫做道家，称为仙学。这也可以，反正巧立名目无所谓的，等于现在大学学科分得很多一样。

伍柳派的小周天修法，有一个名称叫做转河车，在道书上就叫做“河车运转”。大家都知道这是道家的修法，可是讲句老实话，过去我在大陆上访问很多的和尚，都是很有工夫的，深入一谈发现，原来修的是这个法门。可见在文化思想来讲，伍柳派的修法非常普遍，各宗各派都是走这个路线。究竟这个小周天是不是这样？我们真正研究正统道家之学的人就要特别留意。有许多学佛的认为，这是道家，跟我不相干。你不要糊涂了，我常说不管佛道、显密，修行就靠一个工具。这个工具就是身体，这个心。这个生理身体和这个心，不会有别的花样出来，它出来的现象是相同的，只是各家的解释不同。

河车 周天 导引

许多人因为自己学佛就批驳道家，也有人因为修道家就看不起佛家，实际上都是蛮可怜的。这又提到一件故事，差不多一九五〇年前后，我认识一位朋友也是老乡，他还年轻，修道家的，佛也懂，自己认为有神通了，也悟了道，各种花样多得很，玩了几十年。我讲这个人很可怜，将来会神经的。结果我的话又不幸而言中，去年果然大发神经，进了医院，然后是上不见佛，下不见众生，一切都骂完了，只有他对，结果还是神经而死，很痛苦的。他“得少为足，闭门称王”，走上一个悲惨的结果。我跟朋友讲，他尽管走错了路，总是一个修道人，就请同学们、法师们给他念了《地藏经》，依俗礼尽心。

为什么提这个故事呢？根据佛家的道理，叫做“发露忏悔”，宁可当着大众说明，这就是见解不正确的可怜之处。学佛修道的人，陷入这样歧路的为数不少，所以我们看了几十年，不要说真的成仙成佛，就连能生死之间来去很自在的都很少。由此就可以了解古人说“修道者如牛毛，成道者如麟角”的道理。

我们上次提出来真正小周天的道理，是提供给诸位参考，我这个人光研究书本的，没有工夫也没有道，同诸位一样，白发苍苍、两眼昏花、行将就木，靠不住的。现在根据学理告诉大家不要走错了路，所谓小周天是一个月，以月亮的出没为一个标准，用这个来比精神之衰旺、气血之盈亏等等。这个标准一定要记住。

所以我们打起坐来，身体感觉背上通了，走到那一关了，这样转一圈叫转河车、小周天，没有错。所谓没有错，是因为人体血液流行的法则是这样转法，所以说没有错。可是我们把打坐做工夫时身体的感受，由背部转到前面又转回到背部，然后加上意识，那只是用意念把它引导而转。在道家这是最粗浅的办法，后来属于内功练武功的，叫导引，就是拿意识去引导，引出来这个感觉的境界。道家的方法，导引属于运动方面，所以华佗的五禽图，后来的八段锦，乃至于瑜珈术等等，都是导引的工夫，都是由意识去导引。真正的道法、修道不是这样。

如果在身体导引周流就叫做小周天，那么我曾经问，这个小周天要转到哪一天为止？这个转转转，昼夜给你转，一天转个三百六十圈，你转了几十年，去检查检查身体，骨头还是老化的骨头，神经还是老化的神经，并没有改变。请问这个转动有没有作用？

导引的工夫对健康方面不能说没有作用，是有祛病延年作用的。这个作用的道理在哪里呢？不是修道工夫了不起，是因为我们人体有两个作用，一个是外在的运动，一个是本身内在的运动，所以静坐不加导引，它本身也在运动。气血流行顺着那个规律自己在流行，这是个运动，所谓“静中之动”。因运动之故，慢慢身体当然健康，这是一个很简单的道理。譬如一个人生病了，感冒也好，重病也好，就需要睡觉休息，人得到充分的睡觉休息后，思想静下来，气血的流行就会顺自然的法则走上轨道，所以能够祛病，能够延年。并不是说打坐或者修道有特殊的功效，因为人在静态中时，健康的恢复乃至进步是当然的。生命有一种本能的活动，所以我们人病痛来了，就要睡眠休息，以恢复这个本能活动。所谓静坐就是效法本能活动。常在静态中则本能活动永远在有规律地转，转到一定时间，它要爆发了，爆发出另一种本能活动的作用。那个是有形的真阳之气，是在生理现象上爆发的，那还不是无形之气。

河车不转又如何

真正的修道，这个所谓河车转动，或者把人体当做一个小周天这么转，转到不转为止。什么时候不转呢？那就不简单了，气住脉停就是不转，呼吸自然停止，脉搏及心跳宁静下来，变得很缓慢，很久才跳一下。这不是心脏病，这是气住脉停，自己都可以测验。在道书上就叫做“日月合璧，璇玑停轮”，“日月合璧”是指太阳月亮同时出现。

上次我给大家报告过，曾在西藏、昆明看到过这个现象，后来晓得中国西南一带“日月合璧”是经常见到的。“璇玑停轮”就是当天体上北斗七星好像不转动了，宁静了，到这个境界差不多了。严格说我们修道，在我个人的看法——当然我的看法不一定对——修道到这个样子的话，是“筑基”成功。这个时候当然不漏丹了，这才算“筑基”成功，还不能说是“结丹”，只算初步而已。那么要多少时间筑基成功？这个不一定，也许有人一上来就到达这个境界，也许三五天、六七天，也许修几十年都到不了，这个中间有很多的问题。再说，这样只是筑基成功，是不是小周天呢？只是小周天的法则之一。

我们到达了所谓“日月合璧，璇玑停轮”，以佛家来讲气住脉停了，差不多到第三四禅这个程度。这时我们就要提出一个问题，气住脉停，永远停在那里吗？这样就叫神仙成功了吗？我们的答案是否定的。刚才告诉大家，这样只能够算是筑基成功，气住脉停到相当的时间就是入定了。这个假使叫入定，静极必定会动。所以这个气住脉停是阴极的境界，拿《易经》来讲是坤卦的境界。如果在座有研究过《周易》的，翻开看一下坤卦上六的爻辞：“龙战于野，其血玄黄。”阳数最高是九，阴数最高是六，阴到极点的坤卦，最上的一爻就叫上六。

什么是玄？下面注解“天玄而地黄”，天是青苍色，青色的。这样的境界像汉魏时代的诗所说：“天苍苍，野茫茫，风吹草低见牛羊。”那是天玄，是塞外草原这个青天。我们家乡那边，晚上叫“玄黄”，就是黄昏的意思。诗人王之涣的句子：“白日依山尽，黄河入海流。”为什么不讲红日依山尽呢？所以叫同学们注意，这是一个物理现象：早晨的朝阳是红日，旭日初升；快要落山时，太阳就白了，一点火力都没有，所以“白日依山尽”。小时候念书看古人句子，都另外做研究。例如李白的“床前明月光，疑是地上霜，举头望明月，低头思故乡”，我们就问问题了，这是李白初几作的？而且他在房间坐在哪个位置？

“白日依山尽”是黄昏、玄黄。玄黄是阴极境界，在这个境界静久了，血液开始变了。用《易经》的辞句，血液要变橙黄色了。身体上气机流行转动的感觉，说是小周天，也可以承认是对的，因为气机流行的法则有规律的，同小周天流行一样。但是真正的道家所谓的小周天，是月亮的行度景象，是以地平面为准而看到的现象，跟现代天文学没有冲突。天文学所讲的是数，也是整个天体的运行。

筑基成功了

所谓小周天是月亮之出没，就是我们修到身体气脉一部分一部分转通了。转通了以后，到达什么程度呢？像十五的月亮一样明，而且昼夜长明。工夫到这里，当然所谓奇经八脉通了，不再有身体的感受，身体不是障碍了。譬如我们坐在这里身体有感受，吃饱了知道饱，饿了知道饿，腰靠着东西觉得有个腰。到那一步以后，自己身体好像空灵了，没有感觉，自己觉得这个身体像一片树叶在虚空中飘一样，昼夜长明，永远是十五的月亮。不像我们打坐，有时候昏沉了，坐到不昏沉时，精神刚刚来了，对不起，两腿发麻，只好下座了。自己安慰自己说，也打过坐了，做过工夫了。

奇经八脉通了就不一样，什么腿麻不麻，不会麻的，一身都是快乐舒服，在乐感中，每个指头、每个细胞，全身到头顶都在快感中，是昼夜长明，永远身心清明的状态。这时头脑越来越清楚，不再睡觉，因为不需要睡觉了；也用不着戒律了，也无所谓禁欲了，因为没有欲了。为什么？他本身的快乐取代了欲界的男女之乐，看到男女之乐很低级，不值一顾了。这是《楞严经》上说“于横陈时，味同嚼蜡”的境界，所谓“乐变化天”。佛经其实把工夫都讲完了，可惜一般人看不懂。

“乐变化天”，到这个时候无所谓戒了，因为他本身“内触妙乐”，他的意念就可以发动身心内外绝妙的快乐，人世间的欲自然就没有了。也就是道家术语所谓：“精满不思淫、气满不思食、神满不思睡”。也是俗话说的“昼夜长明，六根大定”。这时头脑之清醒，智慧之开发，不必用心一切都自然来了，不管打坐还是睡觉都一样；而且夜睡无梦，好像睡其实没有睡着，自己觉得是休息一下，始终没有睡着，可是这个肉体已经得到了休息。

这样是小周天的初步，假定气住脉停叫筑基——我是假定的，我不是神仙。接着下一步你会吓住了，进入一个大定，什么都不知道了，好像大昏沉。定多久也不知道，时间空间都忘了。这样就像是月亮东升到圆满，乃至到廿八，一点光都没有。为什么如此呢？这是自然的法则。因此大家学佛修道打坐有许多问题，其实都不是问题。许多年轻同学常讲，老师，我这几天睡不着。睡不着就睡不着！一天当两天用，还划不来吗！我们一辈子假使活六十年，三十年都在床上。如果三十年不睡觉，等于活了一百二十年，睡不着更好。

又有些人说，老师，我这两天光爱睡。光爱睡就让它睡！我觉得睡是人生最享受的事，我也最爱睡，可惜我没有时间睡，很可怜。我常常觉得“一被蒙头万事丢”，把被子拿来一盖的时候，不空而空，不放下而放下，这是我诗里的句子。所以我常常告诉同学们，碰到最困难痛苦的时候，睡觉去，睡醒了再说，有时候事情是会转过来的。阴极又阳生，这就是昼夜的现象，也就是一个月的现象，所以月亮的行度谓之小周天。

大周天不同了，伍柳派的道家把这个前后转叫做小周天，几十年来我也常常考验人，大周天在哪里？有些答道，大周天左右转。如果就在肉体里头打转，转了半天，还是在肉体内，还是没有修炼好。妄想了几十年想成仙，结果就像是胡大川的幻想诗最后一句："一念忽回腔子里，依然瘦骨倚绳床。"这一念回头并不是岸，依然还是一把瘦骨头靠在床上，什么道都没有修成。因为我是个瘦骨，所以我常常想到这个诗。

第十八讲

干支 阴阳与方位

四象五行皆藉土

颜色的作用

访道青城后山

干支 阴阳与方位

提到中国文化，有一套是属于阴阳家之学，并在《易经》的学问里头，所以天干、地支首先要弄清楚。这张简单的十二辟卦图表很有用，外面第三圈，只有地支，天干没有记上去。你把这个圆圈画上去，简单东南西北画一个十字，定一下方位。诸位把冬至找到，“冬至一阳生”，冬至是子月，亥、子、丑分别是十月、十一月、十二月在北方；寅、卯、辰是一月、二月、三月在东方；巳、午、未是四、五、六月在南方；申、酉、戌是七、八、九月在西方。东南西北配合十天干、十二地支，东方甲乙木，南方丙丁火，西方庚辛金，北方壬癸水，中央戊己土。刚刚提到的原文“故推消息，坎离没亡”，坎卦在天体代表是月亮，离卦代表太阳；坎卦在人体代表精血，离卦代表神、气。再回转来说到有形的，坎卦代表肾、耳朵，离卦代表心脏、眼睛。我们现在用的名词是代表，这就是中国阴阳家所谓配卦。

现在看原文，“坎戊月精”，坎卦代表月亮的精华，卦中间一阳属于戊。“离己日光”，离卦代表太阳，卦中一阴爻属于己土。戊己两个都是土，大家先要了解干支阴阳：

甲乙丙丁戊己庚辛壬癸，是天干。甲乙木，丙丁火，庚辛金，壬癸水，戊己土。古书上说甲木是阳木，乙木是阴

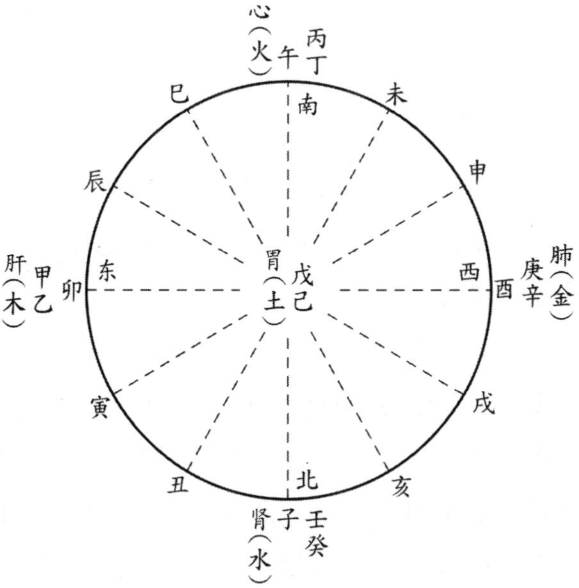

木。甲木是木没有成形的那个元素，乙木是成形了的木头。一个是有形的，一个是无形的。丙丁也是这样，丙火是火之气、火之源、火之能，是功能的能，丁火是有形的火。这里头阴阳家学问就很大，这是中国古代的科学。

譬如火，我们电灯的火究竟是阳火还是阴火？太阳热能是阳火没有问题，木材烧的火是阳火，瓦斯这个火是阴火。有一种电是阳火，有一种电是阴火，其中作用绝对不同。所以我们把瓦斯开了用手去感觉，是冰的，阳火、阴火差别就很多。地支也是这样，子丑寅卯辰巳午未申酉戌亥，这个北方亥子是水，东方寅卯是木，南方巳午是火，西方申酉是金，辰戌丑未这四个是土。

《参同契》这个地方没有讲地支，读书就要另有眼睛了，这一段先讲天干。“坎戊”代表了月亮，“离己”代表太阳。为什么这样配呢？我们修道做工夫就要了解，修道的话，日月两个最重要，戊己这两个都属于“中土”，中间的土。所以他下面讲“日月为易”，这是他对《易经》的解释。以我个人的观点，历代学者只有魏伯阳《参同契》上这句话所下的定义是颠扑不破的。日月叫做易，上面是日，下面是月，就是甲骨文里面日月的写法。

“刚柔相当”，我们讲《易经》时有阴阳刚柔，尤其孔子在《易经系传》中也用到这些。阴阳是物理的两个代号，也可以说是正反两个代号；刚柔是物质的两个代号。物质没有形成以前可以拿阴阳来代表，成形之后就叫刚柔；形而上叫乾坤，形而下变成天体就是坎离，就是日月。“日月为易，刚柔相当”，怎么叫“相当”？是相对的意思，门当户对，各有它应该的位置、应该的立场、应该的分量、应该的价值，这就是刚柔彼此相当。月亮跟太阳各有为主的时候，夜里月亮做主，白天太阳做主。如果夜里出太阳，白天出月亮，就天翻地覆了，不相当。

四象五行皆藉土

“土王四季”，中央戊己土，春夏秋冬都靠土，土也代表胃。你们学算命卜卦，还有学中医针灸的，要特别注意这个问题。有关胃的穴道常常针灸一下，把握这个“土王四季”，因为胃气是与很多病有关联的。譬如感冒，凡是感冒一定胃气不好。胃气不好不是讲胃溃疡或发炎，而是胃气衰弱，寒了。所以你治感冒要随时照顾胃，胃健康了感冒自然容易好。换句话说，胃衰弱了，感冒容易来。光治感冒不治胃，效果很差，你们学医的可以试试我的老土办法。

“罗络始终”，“罗”就是周围这一圈，“络”就是脉络，蜘蛛网一样把它连起来，始终离不开土。所以道家乃至阴阳家，看风水算命以及学医的，有两句老话要记住：“四象五行皆藉土，九宫八卦不离壬。”道理是什么？我们拿哲学的立场来讲，土是地球，人类文化是离不开地球的，在佛学就是欲界众生的文化是以地球为中心。宋元以后中医分四大派别，北方的主张“四象五行皆藉土”，胃最重要，“胃土”健康了，百病就去了。所以北方一派的观点是，任何病都要先照顾这个胃。

南方一派反对。清朝以来，南方一派都出名医的，他们主张凡是有病的人都是肾虚，要先补肾水，也就是“九宫八卦不离壬”的原则。把壬水补足了，病就好了，事实上两派都对。“青赤黑白，各居一方”，颜色代表方位，北方是黑，肾是黑；西方是白，肺是白的；南方是赤，心脏是赤；青是东方，肝是青，这就是“青赤黑白各据一方”的道理。南方、北方饮食不同，气候不同，土质不同。北方人大碗吃面，包子、馒头大口吃，肠胃容易吃坏。所以北方“皆秉中宫，戊己之功”，胃很重要，夏天以泄为主，把肠胃清理。但是北方人到南方来，不要随便给他泄，会泄虚的。南方人有些好吃懒做的，“饱暖思淫欲，饥寒起盗心”，肾亏的多，先补肾为主没有错。

壬癸水就是精水，老年人壬癸水没有了，嘴巴张着看东西，实际上他嘴里发干没有口水，早上起来发苦。所以道家说“玉液还丹”，打起坐来嘴里的口水叫你直接咽，这个才是“玉液还丹”，不是“津液还丹”。打坐坐得好，口水清凉发甘，有时候还带檀香味，这个才是“玉液还丹”，久了以后，皮肤骨节都会变的。

颜色的作用

这里顺便告诉大家中国文化讲颜色的作用，现在西医也研究了，过去是绝对反对，认为没有道理。现在晓得蔬菜的颜色，与人体营养都有关系。譬如我们过去讲赤豆（红豆），大家发脚气病，心脏不好可以吃，因为赤色入心。绿豆利水，青色入肝胆，黑色的入肾，白色的入肺。所以五色、五味同人体都有关系。过去中医鉴别新鲜的生药，干的不算，生药的叶子，有几枝有几个杈，开什么花，就可以断定这个药对人体有什么作用。这不是玄学，譬如中央戊己土是黄色，胃是黄的。有个药叫鸡内金，就是鸡胃里面黄色那一层，磨成粉是帮助消化的，因为胃的功能就在那一层。

有许多看风水阴阳的，以及搞密宗的都在玩这一套。我是无以名之，这些都是自欺欺人。一白二黑三碧四绿五黄，六白七赤八白九紫。他用来算这个方位，什么方向好，什么时间好，哪个座位不好，这个月在这个方位，下个月在那个方位，搬来搬去，这些我全懂，但是我全不管。不好的方向我来坐，看它怎么样。我坐没事，你们一坐就有事，因为你们自己怕了。见怪不怪其怪自败，我就一正到底，当然有时拉肚子，有时多吃一点，人啊！随时都会碰到好的事不好的事，你以什么为标准啊？不要迷信！但是说迷信又不是迷信，它是科学，要善于应用。

因此古人讲，“善于易者不卜”，真学通了《易经》是不算命不看相的。为什么要看相算命呢？“有疑则卜，不疑不卜”。过去有句老话，“心思不定，看相算命。”既然来看相算命，就是心里有怀疑，你怎么说都灵。那些心思定的人，你拉他看相他也不看，忙得很，哪有时间搞这些！可是话说回来，这一套正确运用是科学，善于运用可以成道，不善于运用通通是迷信。我没有做结论，结论诸位自己去做吧。

现在是介绍到“青赤黑白，各居一方。皆秉中宫，戊己之功”，青赤黑白都要靠中宫“戊己之功”。在身体内部，戊己就是胃，脾胃不是肠子，肠子不属于戊己。辰戌丑未四个都是土，肠子是未土，是另外一条路向下走。

道家讲中宫是心窝子以下。男女老幼最好守中宫，这样至少胃健康，守窍不如守中宫，这个我倒同意。你们守上窍、下窍，问题多得很，修道到最后，还是靠这个中宫起作用。修到中宫充满了的人，可以不吃饭了，就是道家说的“气满不思食”。当然不要故意饿！有两个同学这两天不吃饭，我警告他，你弄到胃出血开刀我不负责。这不是玩的，要中宫气充满才可以不吃。你说我吃不下，这是病，能够一个人吃得完一桌酒席，或者可以不吃，这个叫不吃。你说我吃下去不舒服，也是胃病，不叫工夫到。所以真正工夫到了，一桌菜饭可以吃完，胃口大没有问题，不过吃下去打坐会昏沉想睡觉，要花半天帮助消化。不吃的话也可以个把礼拜不吃，这个才是工夫。

访道青城后山

我讲个真实的故事给你们听。我们当年访道，比你们时下青年可怜多了。我从十二岁起，不晓得拜了多少老师，那真叫访道。有些地方要爬山，还要带着钱，拜老师要钱，至少要买礼物。当年在四川灌县青城山有个周神仙，是非常有名的剑仙。我们年轻哪分得出真的假的！加上幻想，假的都当成真的了。我有个四川和尚朋友圣明法师，跟他是方外之交，他是带着妈妈出家的。我就邀他陪我上青城山，非要把周神仙找到不可。

灌县离成都有一百二十里路之远，我们两个人路上花一天，到了青城山的上清宫，向当家的老道士打听，得知周神仙住在后山。后山有土匪，有老虎，他劝我们晚上不要去，现在只剩一个多钟头天就黑了，山路又险很难走。我跟和尚说，访道要有诚心，给老虎吃了都应该，我那时候也傻得很。我们在庙子上买了火把，老虎怕火的，走到半路天全黑了，我看这个和尚快要“一佛出世，二佛涅槃”，脸色有点变了。我说不要怕，老虎来了我在前头，现在我们有进无退，你会念咒子，大悲咒什么咒都拿来念，我来打火把。这样走着看到前面山上有一点灯光，我跟和尚就叫，周神仙啊！出来救人啊！徒弟在这里！

一阵乱叫，结果把神仙的徒弟叫出来了，是个道士提着灯笼，盘旋而下。我对他说，我是下江人，千里访名师，万里求道法，三步一拜上山来。我江湖术语全都拿出来了，半真半假。他就招呼我们进去，院子很大，真是别有洞天。先让我们洗脚，再招待我们吃饭。一问周神仙，他说升天了，自己是他最小的徒弟。那请问周神仙这套有传人吗？有！他的姑奶奶。

这位姑奶奶叫周二娘，修道的。我们就要求拜这位姑奶奶为老师。我有好几位女老师，我当年的宗旨是你有道我就求，求来了我自己摸索摸索，不对的丢掉，对的就留下来。周二娘一出来先像法官问案子，把我们审问一番。我告诉她我练过剑，没有碰到名师。她就要我练一套剑给他们看，我也老实不客气，拿下壁上挂的剑就比划一套。她大为欣赏。我说，那些靠不住，我要学的是白光一道。后来送了她一些礼物。晚上住在那里，到阁楼一看，供了位菩萨，看起来就像妈祖。我心里想中国到处都一样，道家儒家搞不清楚，再看这位菩萨，非佛非神。那天晚上我对这菩萨就很不恭敬了，我先叩个头，然后摸摸她的脸，说塑得蛮漂亮。和尚就说如果给他们看到，这个是犯忌的。

我就托这个和尚下去给小道士打个交情，你们都是本地人，就说我有心求道，一个目的，真正练剑怎么练？真正青城山的道法是什么？我说希望她明天早晨传我道，她要是不传，我们吃完早饭就下山。他去交涉了半天，回来说这位女师父讲看你那么诚心，是正人君子，明天早上再说。不过拿来一张黄纸，她把秘诀写在上面，只准你看。我打开一看，画了两个圆圈，在那个中间点了一点，旁边写了两句话，“识得青城有大道”，这是恭维我的话，“明也传来暗也传”。黄纸写了这两句话，叫做神仙传口诀。我一看叫做“和尚不吃荤，肚子里有数”，就对和尚说，你看吧！没有什么秘诀，我已经懂了，明天吃过早饭就下山。她所讲的就是守中宫，道家经常讲这术语，这个方法我早就知道，原来如此，害得我夜里上山还要怕老虎。唉！我常常为了访道，傻事做得多了，不像你们真有福气，坐在这里。我当年穿的是草鞋，脚都走破了。

我懂了，道我也得了，她暗也传了，我也不想学了，因为我看她四十多岁已经发福了。真正有道有工夫是不会发胖的，这是肯定的。筋骨坚强了，肥肉不会这样松垮垮的，我就晓得她没有真工夫。再一看眼神，两眼无神，差不多了，“明也传来暗也传”，早就传给我了。

第十九讲

方伎之学的长生术

修裁接法的老人

桂湖宝光寺奇事

方伎之学的长生术

我们前面讲过，用中国文化金木水火土五行的道理，说明人体生命的作用。在道家的术语，有两个重点，一个是药物，一个是火候。讲到药物，就要追溯到春秋战国的诸子百家。所谓百家包括了阴阳家以及方伎之学，方就是方术，一种方法；伎就是现在专家技术，也包括了医药。现在所谓的化学、物理这些科学方面的东西，在我们旧的文化都属于方伎之学。那时候北方的燕、齐、鲁一带，出了一帮方伎之士，倡言人的肉体生命可以长存。我常说世界上所有各民族的文化，对于生命的希望都寄托在死后，没有像我们祖先这样，想办法使它永生，永远活下去。这是很难兑现的一张支票。我们常做一个有趣的比喻，每一个宗教好像只管死去的事，都在招揽生意，说不要怕死，死了就会得救，而且听我的话，到我开的那个豪华饭店，叫天堂，招待周到，样样俱全，而且免费永远可以住下去。佛教也开了一家，在西方极乐世界，比天堂还要漂亮。回教也开了一家，在月亮出来太阳落下去的地方，也是非常之好。

前两天看到一份报纸，有位航天员最近皈依了回教，因为他登陆过月球，在月球上听到一个声音“嗡……”，他在世界上到处找不到，最近到了回教的教堂去，看到回教徒在那里做礼拜，“嗡嗡……”就是这个声音！找到了，因此他皈依了回教。我说他找对了，回教是以月亮、星星为标准。宇宙中有三个基本的声音，佛教的密宗知道，就是“嗡”、“啊”、“吽”这三个基本音，一切咒语都有这个基本音。至于这个音声的神秘、力量之大，那是说不完的。尤其是“嗡”跟“吽”两个音，几乎每一个宗教都有的。

譬如佛教用“嗡嘛呢叭咪吽”，你们读《济公传》，济癫和尚一边吃狗肉，一边喝酒，一边念“嗡嘛呢叭咪吽”，后脑一拍，神光就出来了。你们没有研究他为什么拍后脑？既不拍前脑也不拍胸口。懂得修道的人，就晓得这个写小说的非常内行。基督教祷告完了说“阿门”，回教法师叫“阿訇”，都有“嗡”，很多声音都是“嗡”，乃至阿弥陀佛综合拢来，也是“嗡”！这是音声瑜珈。我们人体的内部，也有这三个神秘的声音。所以有人睡不着觉躺在枕头上，或者有时候打坐，就发现耳朵里有这个怪声音，不是外来的，是人体的内部有的声音。

道家的看法，我们这个生命，起码可以活十二万亿年。但是我们为什么变成那么短命呢？喜怒哀乐、七情六欲把它消耗了。我们大笑一下，寿命去了十年，对人家恨一下，去了十年、二十年。七情六欲一动就减寿，这个账一算下来，活个三十年已经了不起了。另外再简单地算我们的寿命，假定活六十年，一半在睡觉，去了三十年。剩下三十年当中，前面十一二岁不懂事去掉了，后来老了有七八年迷迷糊糊的活着，再扣掉三餐饭大小便和生病，一个人活到六十年，真正过日子，不过几年而已。所以道家说我们把生命糟蹋得很厉害，因此这一帮方士专研究恢复生命的功能，永远活下去，而且永远是青春。

那要怎么做才办得到呢？有一本道家的经典，叫做《高上玉皇胎息经》，实际上是方士们的医书，中间有句名言，“上药三品，神与气精”，说世界上真正的药只有三样，就是精、气、神。道家修炼长生不老之术，第一要认清楚什么是“上药”，这个药是什么东西。精、气、神我们都知道，上次提到伍柳派认为修道这个精，是男女有形的精虫卵脏，所以伍柳派是绝对禁欲的。虽然印光法师非常呵斥伍柳派，我却是很赞叹他们的持戒。但是以道家真正的精神之说，把有形的精血认为是生命的这个精，也是错误的。

我们修道要认识什么是精，有形的精虫卵脏乃至细胞、红血球、白血球、荷尔蒙等等总汇起来都是精。而真精的作用是什么呢？只有释迦牟尼佛在《楞严经》说“心精遍圆，含裹十方”这句话，透露得最清楚。我们的心意识清明、精神充沛、思想健旺，只是有形的精。这一切是哪里来的？是背后那个东西，那个才是精，包括了全部这些东西。宁静起来，就是“心精遍圆，含裹十方”，整个的虚空都包含在它之内。

修栽接法的老人

道家所讲精、气、神，拿现在的观念来比喻，就是物理上的光、热、力，神就是光，精就是热，气就是力、力量。古代圣人研究生命，很多地方都是相通的，只是地区不同，像印度、中国或者欧洲，表达就两样。生命存在，在佛教的唯识里头叫“暖寿识”，同光、热、力或者精、气、神没有两样。佛教的这个“识”，有时候中国佛学把两个字连起来叫“神识”。换一句话，不管你怎么表达，这个生命是一个东西，各家表达的方法不同。

这个地球的生命，地球的文化，一切靠太阳的光明“神光”所照。地球吸收太阳的光，变成地球的热能。地热由地球的中心再上升出来，回转来能够生长万物，所以“神光化气，气化精”，凝结起来。我们要把这个生命恢复，使青春常在，就要走相反的路。我们的肉体是有形的东西，先要把有形的精，有形的东西，修炼变成有形无形之间的那个气，然后再进一步，把有形无形之间的气，修炼回到那个形而上的神光。能修到这个地步，寿命是可以长存的。不过，人到了老年，身上的所谓“上药”的本钱没有了，因此道家方士派，又产生一种方法叫做栽接法。如果老年人懂了这个方法修炼，也可以返老还童。

不过大家不要听了就抱很大的希望，所谓有人成了道成了仙，都是听说的而已，最后访问结果，都是“事出有因，查无实据”。你们去看古书《抱朴子》，那是道家正统的书，葛洪写的，神话特别多，所以说，不说神话不叫做道家。但是道家这个理论绝对是正确的，我可以说保证是真的，只是人不容易做到。原因是什么？修道家有一个条件，“善行为先”，要多行善事功德，只顾自私在那里打坐修道，不肯为他人做一点事情，那是世界上最自私的人，不会成就的。我常常说修道的人最自私，两腿一盘，眼睛一闭，说我要修道，不要吵我，什么事情我都不管，万缘放下。拿万缘放下这一句话逃避现实，实际上他什么都没有放下，他最大的欲望摆在前面，就是想长寿。道家的老祖宗老子讲的，“后其身而身先，外其身而身存”，你把自己摆下，先为人，不怕你不活着；如果先自私为自己，最后你先走路。

老年人最希求栽接法，这是很难的。我向诸位声明，我不懂道，也没有工夫。据我从书本学术的研究，这个栽接法有没有呢？有！道家、密宗都有一套。栽接法老年修不成，就要修一个法叫做夺舍法，是道家的名称，前面已经说过。在密宗藏文名称叫颇哇法。“颇哇”是藏文，翻译成中文就是往生，有时候叫迁识法。迁识就是神识迁移。我们这个身体坏了，把这个户口迁移到另外的地方。修好了这个法，死后灵魂一定有把握往生极乐世界。根据道家理论，栽接修不成，必须修夺舍。不过这个方法在道家不能乱用的，条件很严谨，若你自问功德不够而用它，是犯法的。当然不是犯我们人间什么法，是犯天条。修道人所谓“罪犯天条”，是天上的宪法，比我们人间宪法还要大。

桂湖宝光寺奇事

前面提到因为不懂药物，没有办法修成功，神识离开，回不到肉体庐舍才要夺舍。再告诉大家一个故事，当年我们学禅宗的时候，离四川成都三四十里，有个县叫新都，当地有个名胜桂湖，“荷花千朵桂千株”，尤其秋天，我觉得比杭州西湖，另有一番风味。还有个禅宗的丛林宝光寺，禅堂起码容纳五六百人打坐修道。这里的方丈老和尚告诉我，前好几年，庙里来了一个和尚，很有工夫，在禅堂打坐入定，坐了半个多月也没有下座，只有身体有一点歪了。庙上有个管事的知事，认为这挂褡的和尚不守规矩，应该下来行香，他也没有下来，摸摸气也没有了。那个丛林人很多，有时候几百和尚从十方八面来的，查到他是终南山来挂褡的。管事的就说，不行了，迁化吧！就是送涅槃堂火化。

迁化后第二天，他回来了，回来找不到这个佛家叫色壳子、道家叫庐舍的肉体了。这位老兄，拿道家的话来讲，起码阴神成就得很坚固了，他就在禅堂里叫，我呢？我呢？到处找“我”！道家讲“散而为气，聚而成形”，他虽然“凝结”，但还没有“聚而成形”，也就是还有一部分工夫没有成功。他找自己这个我，是我见身见，没有解脱。白天叫没有关系，晚上一叫，大家坐不住了，禅堂里只剩下两三个老和尚敢打坐，其他的人都告假走了。后来，陕西一位老和尚来到这里挂褡，发现稀稀落落没有人。他是那位被火化和尚的同参道友，于是，就要知客师晚上烧一盆火，旁边放一缸水，自己就在堂上打坐。等到“我呢我呢……”叫起来了，他就叫他的法名——某人，你在火里头呀！一盆火烧得很大，没有声音了，这个家伙跑进去找了。等一下，又“我呢我呢……”开始叫了，他说，某人，你在水里头。没有声音了。过一阵出来又“我呢我呢……”老和尚说，师兄呀！你怎么搞的？现在火里也去得，水里也去得，还要那个色壳子干什么呀？就这么几句话，和尚恍然大悟，哈哈一笑，从此没有了。

阴神同佛家讲中阴成就不同，这是讲到五行药物栽接法，中间插了这么个故事给诸位做参考。

第二十讲

五金八石的外丹
未有神仙不读书
守哪个窍
上品丹法如何炼

五金八石的外丹

刚才报告这个故事，是我当年访道亲自经历的，给我的启发很多。我们要修长生不老之术，第一先要认识药物是什么，药物认识了，还要知道把握火候。这个火候是道家的专门名辞。为什么他用火候呢？因为道家学术的渊源从方士炼丹而来，这是世界上物理与化学两门科学最早的鼻祖。一般讲丹有天元丹、地元丹、人元丹三种。人元丹又分外丹、内丹。外丹就是靠化学的草木、五金、八石这些药物帮助身体。五金（黄金、白银、赤铜、青铅、黑铁）、八石（朱砂、雄黄、硫黄、雌黄、云母、空青、戎盐、硝石）必须要经锅炉来煅炼，等于烧柴煮饭一样。火太大把它烧焦了，火太细温度不够不会成功。所以修道的工夫，不管是佛家、道家，最难是火候。自古神仙传你丹诀，传你口诀，火候没有办法传你，因为各人身体生理的禀赋、强弱不同，男女老幼不同，环境思想情绪各有不同，所以火候就很难。等于我们做菜，同样一个做法，每一个人烧出来的菜口味不一样，就是火候问题。

一般人以为佛家好像不谈这个，其实佛家非常注重火候。在修持的经典上，譬如《禅秘要法》，再三强调做工夫要知时知量，就是火候。你某一个方法，某一步工夫修炼到某一个程度，要“易观”——这是佛学名称，就是要变更方法。老是一个方法下去，就过分了，就像吃药一样，维他命吃多了要出毛病，不够也要出毛病，所以难处在这里。外丹的药是靠这个五金八石，我可以向诸位报告，五金八石我大部分有些常识和经验，譬如水银我吃过，硫黄也吃过，吃一点就会死的砒霜，我也吃过一个多月。那真有一点害怕，就发现自己的皮跟肉分开了。不过，一般的人可不能瞎吃。

我小时候，父亲在家里经常有修道的人一起谈论，我爱在旁边偷听，听到那些老道士们讲：“若要人不死，先要死个人。”这个话莫名其妙——要想学到长生不死之法，先要把自己变成死人吗？我还听到：“未死先学死，有生即杀生。”实际上是修道方法，就是念头一起就要把它空掉。“未死先学死”，所以我每天晚上睡在床上先学死，修道嘛，自己装死人。死了以后，黑洞洞的，说有个生命的窍在哪里，我自己在想，“在这……这……”，东摸西摸，什么上丹田、下丹田，我都试过。你们十一二岁时有没有发现过，早晨睡醒起来，这一带，由心窝子以下到肚脐以上，哎哎！有无比的舒服，快感，乐感！我几十年来问了很多人，只有三个人答复我有，这三个人都是修过道的。后来我才晓得，这一带有条腺叫青春腺。这个青春腺真恢复了会得乐，真发快感。“中宫”，当时我就早摸到了，所以后来到青城山访道，写来两句什么“明也传来暗也传”，我看了只好笑就下山了。原来这个样子是道法，我早晓得了，那还有什么稀奇。这是讲内药。

那么，外药部分呢？刚才说我胆子大，“未死先学死”。

我们晓得，韩愈反对佛反对道，他吃丹药，王阳明吃砒霜。这些人表面反对佛家、道家，背后都偷偷干的，所以理学家我最看不起。哪像苏东坡，吃丹药是公开的，王阳明是吃丹药砒霜死的，死后身体整个发蓝，就是中毒了。

古人为什么吃五金八石？这些都是最燥烈的药，他的道理是，我们这个身体是个寄生虫的世界，道家叫做三尸虫，而且还取名字姓彭。有个女神仙曹文逸，是宋朝名将曹彬的孙女，修成道家的仙姑，皇帝封她文逸真人。她有部著作《灵源大道歌》，我劝你们学佛修道最好都要背来，真是性命双修的好东西。像我们都下过工夫背过，中间有两句话："三彭走出阴尸宅，万国来朝赤帝宫"——赤帝代表心，三彭就是人体上的三尸虫。有人解释《金刚经》："所有一切众生之类，若卵生、若胎生、若湿生、若化生、若有色、若无色、若有想、若无想、若非有想非无想，我皆令入无余涅槃而灭度之。"他说的就是度身上的众生，道家的解释，不能说没有道理。我们身体上，乃至细胞也是生命，它也各有国土。我有一位皈依的师父，是位活罗汉，他比济癫和尚还要脏，一年到头只穿同一件衣服，身上都是虱子，也不剃光头，留个长头发。我们经常看到他身上那个虱子爬出来，有个师兄抓住，他就说："不可以杀生！给我、给我……"，把虱子放回身上，说"这样它就不会不服水土"，这也是度身上的众生。

这个五金八石的药，都是杀菌杀寄生虫的，可是古人有两句话要注意："服药求神仙，反被药食误。"一般人吃外丹药吃出毛病的太多了，从秦始皇开始，汉代唐代几个皇帝，乃至一般名士，明朝更多了，都服食外丹。这些外金丹的药有没有效果呢？我自己大部分试过，效果很大，对人体好。但是有一个条件，一般人做不到的。什么条件？要清心寡欲，饮食、男女一定要戒除。这些皇帝、文人，像王阳明、韩愈、白居易等等，有福报，又聪明，修道家神仙朋友也多，这药吃下去以后都是壮阳的，阳气来了以后，男女关系戒不掉，这一崩溃比普通人厉害万倍，一下就送命了。其次，饮食也大有关系，吃一些外丹的药要有服气的本事，可以不吃饭，光喝水、喝茶，但他们做不到，结果就送命了。

未有神仙不读书

譬如硫黄可以治很多病，是道家的五金八石之一。硫黄有毒，吃下去会死人，那么要什么方法令硫黄没有毒呢？就是猪油，加上猪油制炼了以后，硫黄的毒性没有了，吃下去阳气会旺。但如果不能戒除饮食，碰到一点动物的血，那个毒性照样发作。所以他们这些帝王名士们，饮食不肯断去，男女之欲不肯戒掉，这个外丹药吃下去只有短命，哪里能够长生！这是第一点。第二点，古人说，“未有神仙不读书”，譬如我们读书的时候，老师们一定要你看看《洗冤录》，这一本书就是古代法医学。《洗冤录》说，假使验尸拿出来那个骨头抓到手上一捏，变成黄粉下来，那就是中了硫黄毒死的。硫黄吃多了骨头松了，一捏就成粉。

一看这个书，就懂了一件事，硫黄矿的旁边那个泥土都是松的，像粪土没有黏性了，因此你就会懂《论语》中的一句话，“粪土之墙，不可杇也”。硫黄虽然能够杀菌，但它也有化掉地、水、火、风四大之中地大这个骨骼的作用，所以能够清心，但不能随便吃，必须中和。因此丹药的配制，都有互相中和制衡的作用，所以修道家的人，必须懂得医药。

现在我们主要还是讲这一段，五行同药物的关系。《参同契》这里提到这个五行，只讲内丹方面，没有提到外丹。“坎戊月精，离己日光”，这一段配合天干地支的作用，朱真人下面的注解很清楚，诸位自己可以研究，不要我来向大家报告浪费时间。前面报告过了有形的内部——心肝脾肺肾，配合颜色，配合五行金木火水土。我上次提到，你们诸位守中宫的还好，尤其现代人不要守上下窍。不止这两窍，守窍的种类多得很，也有的道家佛家守窍守背上、守腰，这个方法是从白骨观修法来的。白骨观里头有修腰窍，也有修夹脊这一窍。修夹脊这一窍，同密宗的颇哇往生法，同道家的出阳神、阴神等等修法都有密切的关系。从学术的观点来看，说明在东汉末期，魏晋南北朝的阶段，佛道两家修持的方法已经融会起来，彼此在掺和了。

守哪个窍

道家守窍有各种各样的古怪之处，现在我们讲到《参同契》这一段，我贡献诸位最稳当的方法，我是不主张守窍的，当然偶尔也可以用。我不说滑头的话，你们自己去研究。偶尔可以用，知时知量，还是火候问题，最稳当的是守中宫，不会错。中宫准确的部位，就是心窝子之下，用八个指头横着叠起来，在肚脐以上，差不多四指的地方，不是在肚皮表面，在这个部位的中间。守中宫修久了的人，有一个效果很快会出来的，就是饮食可以减少，甚至可以一天吃一餐都没有关系。在《孔子家语》中孔子说“食气者寿”，吃气的人，不靠五谷饮食的会长寿；“不食者神明而不死”，乃至服气都不需要了。我们这位老师圣人他都知道，可见道家的方法是准确的。虽然一般学者不承认《孔子家语》是真的，我还是提出来给大家参考。所以这一段最后是“皆秉中宫，戊己之功”。

我们大家学中医修道的，就要了解这个道理。真正中医的治病方法不是头痛医头，腿痛医腿。譬如我们中国是黄种人，容易得肝病。照西医的治法，肝病就医肝补肝了，但不一定对，虽然也会治好病没有错。真懂得中国医学，懂得《易经》，懂得道家这个方法，就知道肝是木。什么生木？克木的又是什么？我们晓得水生木，金克木。或者这个人肺呼吸系统有问题，或者感冒太久，支气管炎，慢慢影响肝脏功能变差，这就要先治疗肺。要培养肝功能健康，不是针对肝脏，而是针对肾脏，因为肝肾同源，把肾水的功能培养好了，水生木，肝的功能也好了。但是这个不是呆定的啊！要活用，也要懂得命理，就是水多则木漂——水固然生木，水太多，把木漂起来冲到太平洋去，这根木头就完了。

我现在告诉诸位的是学理上的五行生克之理，你搞清楚了以后，自己对于修道的功能，各部分的调整就容易了，这是讲有形的。但是，是不是《参同契》的原意？是不是所谓正统的道法？就不一定了。道家所谓正统道法有一个名称叫上品丹法，很不容易达到，很不容易求得。据说上品丹法求到了，七天可以成仙。当然，这个是传说，是靠不住的。只讲学理的说法，上品的丹法，是在有形无形之间，不在这个肉体内部，但是也不会离开肉体的。

上品丹法如何炼

根据道家的正统道法，上品丹法的观念，金木火水土是个代号，不一定指有形的东西。譬如这一段所提到的坎离两卦，坎离分别代表水火。在《易经》卦名当中，水火是既济，既济是好的；颠倒过来火水就未济，未济是不好。那么，什么是水火既济呢？我们看到做饭烧茶，水在上面，火在下面烧，就是好的。火在上面烧，水在下面毫无用处，这个是很简单的物理，要懂得。所以，诸位修道打坐，上面的头脑“嗡嗡”地发热，红光满面，心思不定，妄念不断，就是火在上面，水在下面，这是气虚。所以老子讲，“虚其心，实其腹”，这就是火下降了。因此禅宗祖师利用老子这两句话骂人，说有些人没有悟道，自己以为悟道，就是“空腹高心”，刚好与老子这个话相反。上面妄念不能停，就是心火不能下降；精气神不能归元，就是坎水不能归元。念多就是虚火，心不清净。佛经经常用清净圆明，就是代表取坎填离这个道理，要心境凝定，元气才充盈。

中宫是土，这个土究竟指的是什么呢？道家有一个名称，叫“真意”。提到真意这个名称，我们又有值得研究的地方。佛学讲唯识的第六意识我们大家都容易了解，第六意识的根是第七识，叫“末那识”，也叫做“意根”。末那识是梵文，很难翻译，包括了很多，佛学名称又叫“俱生我执”——与生命同时来的那个我。这个我不用思想去想他，生命自然有我，是本能的活动。这个“末那识”有时在别的佛经上，就干脆用中文“真意”来代表。如果我们研究学术思想，就看到唐代以后佛道两家思想上有了交汇，修持的方法也融会了。真意在道家就是真土，这个是戊己土。所谓真意真土是什么呢？就是有念无念之间，也就是上次我们提到“一阳初动处，万物未生时”那个一念不生的境界。

禅宗佛家讲空，一念不生不是没有东西，是有个东西，这个东西就是真意。唐宋以后的禅宗灵知之性这一念，有形无形停留在中宫内外，没有妄想没有杂念，这个是内丹基本的一步。所以“皆秉中宫，戊己之功”。拿佛家来比喻，这个时候等于是无念，无念之念是为正念，永远定在这个境界。对于身体方面，就停留在中宫这一部位。保留久了而静极，用老子的话，就是“致虚极，守静笃”。“致虚极”就是空到极点，静极空极在这个中宫，五行就归元，就集中起作用了。正统道家，在这个时候，真正的精气神才搞得清楚，它的消息才来，才能把握得住。但是不要过分，因为无念太过，虚灵太过，要出毛病的，这个就是火候问题。

那么要如何来调配呢？下一章会提到这个问题。在这个境界久了以后，把药物调整好才可以谈服食，吃这个丹药。为什么无念清净境界要吃丹药呢？在理论上没有办法懂，如果真做工夫，到那个境界就晓得，若有若无之间，并没有一个有形的东西，但是的确有这么一个作用。所以老子说，“恍兮惚兮，其中有物”，空空洞洞，若有若无之间是有东西。你说真有吗？没有，也就是佛家讲“非空非有，即空即有”。

《参同契》上篇前五章是讲“御政”，这个第二章，我们讲到“戊己之功”，先认识药物同服食的基本原理，然后再说如何用这些方法。这些方法就在下面第三章“日月含符”。

第二十一讲

真土真意与孟子

日月含符章第三

伟大的日月

卦变及人事之变

《参同契》上卷主题是“御政”，包括了五章。第二章最后的结论是“戊己之功”。

戊己两个都是土，戊土是脾的功能，己土是胃。普通我们讲肠胃不好，脾胃是脾胃，肠子不好是排泄系统不好，不一定是胃的毛病，这个不能混为一谈的。西医的治疗同中医是两个路线，但一样有功效，只是基本的学理不同。

所以我经常分类，西医的哲学建立在唯物、建立在机械上，它也有高明的一面；中医建立的哲学基础是精神的，是唯心的，也有它高明的一面，而且治疗的方法往往不是头痛医头脚痛医脚。头脚为什么痛？必先找出根本原因才能加以治疗。

真土真意与孟子

戊己在道家有形的修法是守中宫，中宫就是真意，也叫做真土，所谓“住意”——意识住在中宫。上次我给大家贡献的意见，不管男女老幼，如果用有形有为的道家修法，守上丹田或者守下丹田，通通不及守中宫可靠稳当。但要说明，这些都是有为的修法，不是无上道法，无上的道法是无形的真意。

拿佛家来比较，佛家唯识的八识中，第七末那识就是“俱生我执”，那是没有思想意念以前，它天然若有若无的有这个我相的存在，这个是意根的作用。所以唐宋以后的道家讲无上道法，所谓真意，它采用的名称就是佛道两家的混合。真意真土的境界，在若有若无之间不守任何一处，心境都摆在中和的状态。

如果用儒家的道理来说明，所谓真意就是《中庸》里说的：“天命之谓性，率性之谓道，修道之谓教。”这个道，所谓“喜怒哀乐之未发谓之中，发而皆中节谓之和，致中和，天地位焉，万物育焉”。这其中，差不多十分之六是理论哲学的道理，十分之四是真工夫；庄子也一样，有许多话是真工夫，很难做别的解释。我们一般念《中庸》都读错了，我们要注意，孔子、孟子、曾子、子思都是山东人，念他们的文章最好要懂山东话。《中庸》的“中”要念成去声，我们跟山东朋友谈话，对了没有？中中中！山西人也有这个话，中了就是对了。开枪打靶，子弹打中了没有，这是中了。所以“喜怒哀乐之未发谓之中”，喜怒哀乐都没有动，等于佛家讲“一念未生处”。“发而皆中节”，该用的时候还是要用，并不是只要清净、虚无。发而能够中节“之谓和”，一动一静之间和起来，“致中和，天地位焉，万物育焉”，这个是儒家修养的境界，也就是《参同契》第二章的所谓“皆秉中宫，戊己之功”的道理。

我们就拿炼气的工夫和养气的学问来讲，就是孟子在《尽心篇》里头所讲的，“可欲之谓善，有诸己之谓信，充实之谓美，充实而有光辉之谓大，大而化之之谓圣，圣而不可知之之谓神”。这完全讲的是工夫，没有办法讲理论啦！假使不从真正修养工夫来解释，孟子就是只讲空洞的理论，那孟子岂不是自欺欺人！真实做工夫才知道所谓亚圣并不是偶然得来的。他讲“我善养吾浩然之气”，什么是“浩然之气”？在《尽心篇》讲得很清楚，“可欲之谓善”，喜欢修道只能讲善行开始，不一定要有基础工夫；到了第二步“有诸己之谓信”，是工夫要到身心上来，自己知道。拿《参同契》这一章来比就是“戊己之功”到了。

我不晓得你们诸位见过多少真正修道家的人，像我们当年所看到道家的老前辈们，有时候正在跟我们谈话，忽然不讲了，把眼睛一闭，什么都不理。我们也懂得就走开了。过了半天再去看他，拿佛家的话说，他慢慢地出定了。不是他去找工夫，是工夫找上门了！像这一种情形，到那个时候身心自然地非进入那个境界不可，就如孟子所讲“有诸己之谓信”。“信”有两个解释，一个自己确信不疑了，另一个解释就是“消息”，工夫来找你，不要你去找工夫。我们大家修道找工夫，找那个境界找不到；等它自然来找你时，自然清净了，自然要进入那个定境。

真正的戊己土，是真土是真意，不在有形的身体内、外、中间，但是与身体的中宫之气有关系。所以到了中宫之气充实了，就是道家所谓“气满不思食”，这个时候自然可以断除饮食；不是完全断去，是不吃饭的时间可以拉长。“精满不思淫，气满不思食，神满不思睡”，到了这三种境界我们也不要把他看得很高，在我看来基本上等于孟子所讲的

"有诸已";在道家来讲道已经上身体了。我们普通修道不管你气脉通了也好,别的什么也好,道还没有上身呢!只能说"可欲之谓善",只是喜欢做这件事而已。

日月含符章第三

易者象也,悬象著明,莫大乎日月。日含五行精,月受六律纪。五六三十度,度竟复更始。穷神以知化,阳往则阴来。辐辏而轮转,出入更卷舒。

易有三百八十四爻,据爻摘符,符谓六十四卦。晦至朔旦,震来受符。当斯之际,天地媾其精,日月相撢持。雄阳播元施,雌阴化黄包。混沌相交接,权舆树根基。经营养鄞鄂,凝神以成躯。众夫蹈以出,蠕动莫不由。

伟大的日月

我们有了这个了解以后,再来了解《日月含符章第三》。先读一下朱云阳真人注解这章的一句话:

"此章,特著日月之功用,究药物之所从出也。"这一章特别显著地说明天地之间太阳月亮运行关系,了解了这个日月的功用,以及天体运行的法则,然后才可以了解身心性命大药的究竟。道家所称大药就是"精气神",三位是一体的。我们上次也提过宇宙的法则,我给它一个代名词"光热力"。神是宇宙太阳的"光"能,化成一股"力"量,就是气,气产生而发"热",这是精。神变成气,气变成精,我们后天的生命是顺着来的,由先天变成后天。修道是相反的,要返回先天，所以炼精返回去化成气，再炼气化神。精、气、神三种实际上是一种，都是神所化的。所以许多的宗教，处处都讲到光，大家修净土宗，讲到西方极乐世界处处光明；基督教也一样，《圣经·约翰》一章说，神就是光。

“易者象也，悬象著明，莫大乎日月。”《易经》讲宇宙的现象，天地之间这个现象挂在那里，“悬象”就是挂。所谓八卦就是挂出来的现象，宇宙最大的现象是天地日月风雷山泽，这八样东西很明显挂在那里，所以“悬象著明”。我们抬头看得最明白的现象，“莫大乎日月”，所以日月叫“大象”。

现在我们就进入了中国古代文化物理哲学，古代的科学是科学的一种，它同现代的科学是否相同是两回事。中国上古的物理逻辑讲“日含五行精”。太阳代表火，太阳不是只有火，而且具备了五行的精华。太阳是至阳，至阳里有至阴，所以太阳里头有一个黑点，那是至阴之气。我们儿童时读的古书神话，太阳里头有个鸟，像公鸡一样，叫“金乌”，就是太阳里那个黑点。太阳代表了光，一个光就代表了金木火水土五行。

“月受六律纪”，修道的首先注意月亮，最后注意太阳。月亮是小周天，太阳是大周天。月亮上半月由小变到大圆，下半月由大圆变成黑暗。这是小周天的行度。大周天行度是太阳在天体的行度，旧的天文学称为躔度。太阳在天体中走一度，在这个地球人世间算一天。所以一年三百六十五度有多，这就是大周天。大周天下面还会讨论，现在重点在小周天。

我们手边的十二辟卦代表了一年十二个月，也代表了一天十二个时辰，也可以说明一个月。“律”就是“律吕”，这是中国文化的专有名称，是同音乐有关系的。一提律吕又是麻烦的事，在中国文化里也是重心之一。我们的老师孔夫子整理中国文化，删“诗书”订“礼乐”，只可惜这一部《乐经》失传了。现在我们保留的只有五经，五经的《礼记》中有一篇《乐记》，勉勉强强还保留这个精神。中国古代讲的音乐与西洋的不同，中国音乐的学理是律吕。

“律吕”两个字在《二十五史》里头都有。现在讲中国文化难了，譬如一部《史记》，大家读了汉高祖刘邦传以为看了《史记》，再不然在中学背了《伯夷列传》，也以为懂了《史记》，其实连影子都没有！真正中国文化中心在《史记》的“八书”，譬如《天官书》就是中国上古天文学，后来每一代的历史天官都有所沿革，或者叫《天官志》或《天文志》。《汉书》里头还有《五行志》，就是中国物理科学。又譬如“八书”里还有一篇叫《平准书》，就是讲经济学、财政学。所以“八书”很重要。当然我们普通人不是专家，专门研究历史的人只讲历史，不一定懂得历史哲学和中国文化的传承。后来史书上有《律历志》，是专门研究律历的，也包括天文象数。我也看过一些现在的文章谈中国的律历，他们连影子都还没有摸到，那是与曲子调子都没有关系的。可是要真的懂得做曲子，非得懂律历不可。我在前面也提到过。

回到“月受六律纪”，我们前面讲过五天叫一候，三候叫一气，所以气是中气。六候，“五六三十度”为一个月，这是讲月亮的出没。讲到一年有二十四个气节，我告诉大家一个秘密，这里有好几位西医的权威，我们的脑神经有十二对，不多不少，学过解剖的都晓得。学道家就懂，十二对脑神经和二十四个气节关系密切。你把十二对脑神经真修通了，就跟宇宙连起来了，当然就有了神通。可是你不要去玩！我常说你们玩得不好就玩成第二号神经了，第一号才是神通。信宗教、修道、学佛的，多数都走上这个二号的路子，所以千万不要乱来。

“度竟复更始”，三十度走完了。每月阴历初三月亮在西南角上出现。加上五天是初八，从正南出来半个月亮。初八加五是十三，一直到十六完全是东方出来西方下去。这个月亮的出没以前都讲过了，也就是“度竟复更始”。

“穷神以知化”是叫我们修道先要懂学理。到底谓之“穷”，到头了。“穷神”是把这个“神”的作用，研究透顶。这是我们自己生命的根本，在佛家叫“性”。所以要明心见性，或者是佛学翻译的“真如”、“菩提”、“涅槃”，这是根据梵文。中文来说这个就是神，神就是光，光就是神。“以知化”，这样你才知道每时每分每秒都在变化。这个宇宙的变化不是偶然的，懂了《易经》就晓得宇宙的变化都有法则有规律，一点没有办法逃过这个规律。因为我们文化不带宗教观念，所以把这个规律叫做造化。在西方文化中就是主宰、神的意思。这个造化的法则是不变动的，等于春夏秋冬一样，等于早晨晚上一样。所以修道的次序，工夫的进度，也是呆板的，不是说这个人根器好，一下就跳过去了，不可能的。

知道了这个变化，就懂得“阳往则阴来”，阳的光明去了，黑暗来了；黑暗去了，光明又来了。春去秋来，就是这个样子。“辐辏而轮转”，辐辏是车轮子的杠子，车轮子就是那么旋转。

“出入更卷舒”，月亮从初三开始一直到二十八，一出一入之间，“卷舒”，好像我们卷画一样，等于说初三开始，天地间慢慢一点一点拉开，到十五拉满了，然后十六以后开始卷，到了二十八统统卷好了。要注意的是，卷好虽然没有亮光，但它的“神”永远不会丧失，不过一出一入之间有这个“卷舒”的作用。

卦变及人事之变

《参同契》的内容包含了全套的中国文化，每段下面有清代朱云阳真人的注解。他的学问非常渊博，是真正的正统道家，可惜此人无法考据。以我的想法，这个人应该是真修成仙了，因为考察不出数据，所以我更相信他成了神仙。他不要名，什么痕迹都不留，太高了！希望诸位自己研究他的注解，假定有不懂，有机会可以问我，我也许可以帮忙诸位了解。你真懂了这些法则，懂了关键地方，道书一看就懂，而且晓得哪本道书讲得对，哪一本不对。

“易有三百八十四爻”，这个要再说明一下了。《易经》的先天八卦，每一卦都由三爻组合而来，画卦要从下面一爻一爻画到上面。换句话说，卦是从内画到外。后天卦是由两个先天卦重叠组合而来，所以每卦六爻，一共八八六十四卦，就有三百八十四爻。

这个爻是什么呢？刚才讲天地间宇宙万物人事都有个规律，是爻变而来的。爻是交易、交变来的，内外相交，上下相交，互相变化。所以精神跟物理也无不相交变化，生理跟心理也互相交易变化，男女朋友之间感情也是互相变化，一切都是相对。但是变化是渐变！《易经》的道理说，宇宙间没有突变，都是渐变！我们有时说这是突变！但如果你追究突变的前因，就会发现仍是渐变来的，是一爻一爻变化来的，也是一阴一阳相对变化来的，这是宇宙间的法则。

“据爻摘符”，符，合也，就是配合，宇宙间一切变化的法则，都符合一个原理——拿现在的话讲，都符合它的逻辑道理。“据爻”是说《易经》每一卦都有卦辞、爻辞、彖辞。譬如说“乾为天，天行健”这个卦辞，乾是代表天，天怎么样呢？“天行健”，天体永远在动。

当年有一位大师讲中国文化害在一个“静”字，因为大家都主静。后来我讲了句难听话，我说放狗屁！根据什么说中国文化主张静？中国文化早就说宇宙间的万事万物都在动啊！尤其是《易经》，经典里头的经典，哲学里头的哲学，提出来“天行健”，这个天体永远在运动，太阳月亮永远转动。“天行健”卦辞下面——“君子以自强不息”。所以人要效法天体，不断地前进，只有前进没有后退。谁说中国文化是静态呀？所以《大学》上讲“苟日新，日日新，又日新”，人效法天地，只有明天，满足于今天的成功就是退步了。修道也好，做学问也好，人生的境界永远看明天，只有明天，不断地前进，生生不已，这就是我们中国文化生生不已的道理。

所以“符谓六十四卦”，每一爻每一步都是对的，都符合天体道理，归纳起来叫做六十四卦。下面有一个《易经》的大发明是道家的秘诀——“晦至朔旦，震来受符”，每月阴历三十谓之“晦”，“朔”就是初一，“旦”就是天亮早晨。

第二十三讲

天地阴阳相交
大周天 小周天
精从脚底生
混沌与昏沉
水源与采补

天地阴阳相交

刚才讲“晦至朔旦，震来受符”，震是卦名，先天震卦上面二爻是阴爻，从坤卦变来的。一阳从下面开始画的，也可以说是一阳从内向外慢慢成长。《易经》的卦象“震为雷”，雷就是雷电。后天卦非常注重震卦，这也是个秘诀。我们现在老啦，把这个秘诀都要告诉年轻人了，有许多人学看相算命，看阴阳风水，先天后天都搞不清楚。最重要的都是用后天，后天以震卦为主。所谓震又代表帝，皇帝的那个帝。这一句就是每月初三月亮刚刚出来，所以“震来受符”是讲月亮的现象。

“当斯之际，天地媾其精，日月相撢持”，中国古代的看法，天地也有阴阳相交，每月相交。每月二十八以后月亮不见了，凌晨才看到在东北方，天一亮就下去了。二十八起到初二这个五天当中，夜里真黑得一塌糊涂，这个时候是纯阴的境界，是天地在媾精，阴阳相交的时候。这时太阳和月亮两个结合在一起，古人认为这个现象是“日月相撢持”，两个的结合是阴气与阳气的结合。

“雄阳播元施，雌阴化黄包”，这个时候天地的阳气、阳精就放射出来。月亮同地球代表这个“雌阴”吸收。所以雄性的是放射，雌性的是吸收，一放射一吸收之间互相结晶，等于男女的交媾一样。“黄包”就是中土，黄色代表中土，包就是阴阳像一个鸡蛋一样。

“混沌相交接，权舆树根基”，这时阴阳像混沌交接的境界，是交接不是混合。混沌这个名称是庄子提出来的，等一下提到做工夫方面会给大家说明一下。权是权柄中心，讲把握，等于天体一样，星辰转动都是北斗星在指挥。孔子在《论语·为政篇》上也讲道：“为政以德，譬如北辰，居其所，而众星拱之。”好的领导人在中间不动，就像是北斗一样。北斗有七个星，是人为划分的，后面四个前面三个。所谓斗就是舀水的瓢，古代叫做斗。这个斗柄前面还有两颗星特别亮叫做“招”、“摇”，我们说这个家伙招摇撞骗，就是这两个星名。天体是以北斗星为主，正月斗柄正指东方。过去没有钟表没有日历，山中无甲子，晚上出来看天象，现在几月了？一看，哦！三月。天体像个平面，这个“权舆”像个车轮一样在平面上转。“树根基”，打坐修道就在这个时候扎根。

“经营养鄞鄂，凝神以成躯”，懂了这个道理要“经营”，像做生意一样慢慢一点一点赚起来。“养鄞鄂”，鄞鄂是堤防，自己要做一个堤防，像城墙一样。我们常讲达摩祖师的徒弟二祖神光问，禅宗要怎么用功？达摩祖师讲：“外息诸缘，内心无喘，心如墙壁，可以入道。”其实佛道两家都一样，《参同契》成书的时候达摩祖师还没有到中国来，是二百年之后才来的。达摩祖师所讲的这句话，和“经营养鄞鄂，凝神以成躯”是同一道理，表达不同而已。达摩祖师说的“外息诸缘”，我们容易懂，修道人外面什么都不管了，眼睛闭着打坐，死了人都不管，真正自私自利了。修道学佛是绝对自私的，自私自利到了极点才能大公无私呀，先把自己度好才能度人嘛！像游泳一样，你不会游泳怎么跳到海里去救人啊！这个“无喘”是心不动念了，到这个时候呼吸已停住了，念头也跟着清净了。“心如墙壁”，内外隔绝了，墙外跟墙内隔开了，这样还不是道哦！达摩祖师说“可以入道”了。所以要注意后面这一句，有些人说“外息诸缘，内心无喘”就是道了，不对！这只是说做工夫要能内外隔绝，才有资格来入道进门，这也就是“经营养鄞鄂”，一阳来复的时候。

“凝神以成躯”，这时在学佛的人来说叫修定，得定；道家是讲功用，不跟你讲原理。“凝神”最厉害了，好像冻结不动，凝结拢来，“凝神以成躯”，把这个功能凝结拢来，慢慢构成一个身外之身，在生命之内或之外成就新的生命。

“众夫蹈以出”，一般男女交媾生人，就叫“蹈”，所以人一代一代生下去。“蠕动莫不由”，欲界的生命，这个天地，都是阴阳交媾而来，所以佛学叫做欲界。修道没有这个东西还不行，就靠这个地方回转才行。

我们再把原文这一段做个研究，希望大家还是自己研究朱云阳的注解。“易有三百八十四爻，据爻摘符，符谓六十四卦”，这句话就是讲天地运行的法则，《易经》把这个原则都讲完了。所以要留意它一步有一步的工夫，一步有一步的象征，象征就是“符”。你的工夫到达哪一步，外形就现出来了。“据爻摘符”，一点都没有差的，符合于那个原则。六爻为一卦，八八六十四，合起来一共是六十四卦。

南怀瑾

大周天 小周天

“晦至朔旦”，每一个月来讲，六爻第一爻开始动，由上个月尾到这个月初三“震来受符”。震卦是一阳出现，在《易经》六十四卦中，就是地雷复卦。复者恢复了，上个月的黑暗去了，光明又恢复了，所以叫做一阳来复。我们晓得《易经》上复卦的爻辞讲“七日来复”，讲到数字，东方文化妙得很，同西方、印度都一样。西方的基督教第七天是安息日，现在叫星期日、休息日。

那么这个七天同五天的关系呢？七天是讲太阳的系统大周天，五天是讲小周天。现在把这个秘密告诉大家，你们读书就不会搞错了，不然你疑问重重。我现在告诉大家的好像简单几句话，可是当年我脑子转了十几年，不知道这个问题错在哪里，解决不了。问那些修道的老师，会修道的不懂学问；问那些学问高懂《易经》的，他又不会修道。痛苦啊！最后自己总算悟到了，再一翻古书完全贯通了！所以说读书修道有如此困难。这是我花了几十年工夫才弄通的，成本很大。

佛家修行上有一句话：“不破本参不入山，不到重关不闭关。”不初步悟道，住山的资格都没有。你说要到山上修道，你道都没有悟，到山上修个什么道啊？“经营养鄞鄂”还不过是破初关，还没有资格住山呢！“凝神”以后还要到重关，所谓身外有身这个境界，才可以真正地闭关。现在人反正门一锁就叫做闭关，在关里读书也可以，写字也可以。那不叫做修道，修道做工夫闭关，连书本都不要的，什么都没有，或者只有一个床铺，甚至只有一个蒲团，一天到晚在入定，这才叫闭关，也是“先王以至日闭关”的意思。

精从脚底生

讲到“震来受符”，每月到这个时候一阳来复，老实讲，“震来受符”就是一阳初动处。上一次跟你们提过邵康节讲：“冬至子之半，天心无改移，一阳初动处，万物未生时。”佛学从心理入手，到达了万缘放下，一念不生，真正清净到极点，那不过是“震来受符”的一阳初动。拿生理来说，什么是震卦境界呢？我们上次讲伍柳派认为男性阳举的时候，女性胸部乳房坚挺，所谓春情发动，认为这是一阳来复。对不对呢？不是不对，但不是完全对。究竟什么是震卦境界？就是当我们睡眠刚醒的时候。人为什么睡够了会醒？睡眠是阴境界，就是在充电，电充够了，就发亮了清醒起来。就在那个将醒未醒之间，这个生理上是有作用的。

我们大家都有睡觉的经验，我常常问人两个问题：修道的朋友怎么睡着的？怎么醒来的？睡了一辈子觉，不晓得怎么样睡着怎么样醒来。这个真懂了，可以修道了。这不是说笑话，因为很难懂的，但是有一个现象我告诉你们，你们回去体会。人哪里先睡着呢？你们总以为头脑先睡，错了！脚指头先睡着，由下面一节一节睡着，蔓延到上面就睡着了。越是睡不着的时候，越是感觉下面脚和腿很重。早上一个人看着好像还没有醒，但脚指头动起来，就知道他已经醒了！一阳来复，从下面动上来。

精从脚底生，所以我常常讲，你看老年人，如果两个脚底心冬天都发烫发暖，走路两腿非常灵活有力的，一定是长寿之相。老化是从下部先开始老。你看婴儿爱玩脚，躺在那里两个脚蹬来蹬去。大了就爱跑，所以小孩子六岁七岁狗都嫌，他闲不住的，非跑不可，在成长中他精力旺盛。到了二十几岁，就要坐咖啡馆不大动了。到了四十多岁，坐在那里两条腿跷起来。六十岁的时候脚跷得更高，才叫做舒服，因为两条腿硬棒子一样弯不动了。所以打坐也坐不住，当然会腿发麻，下半身早已经报销到阎罗王那里去了。两个腿的气走通以后，打坐时两个腿是无比舒服！坐在那里不肯下座的，那个就叫真正地得乐了。

那什么是“震来受符”呢？这是身心两方面的，刚刚“一阳初动处，万物未生时”，平静的，阳气发动，可以说从脚指头开始发动。所以你看释迦牟尼佛高明啊！白骨观叫你由脚指头开始修，修白骨观到中间第十四、十五观，佛就明白地告诉你这个阳气都从下面来。一般人看经看不懂，也不去研究，自己想修道又偷懒，好像闭着眼睛打坐就算是修道了，这就是蛮干！道是有个道理的，道理不通，怎么去修？

混沌与昏沉

“当斯之际”，当这个时候，天地在媾精，如果你们做工夫时，自己觉得昏沉——大家打坐都有这个境界，普通人也有的——像中饭吃过后，坐在那里昏昏沉沉的，自己觉得没有睡，但你真睡着了，只要这样一刻钟，精神就来了，天地媾精就是本身的阴阳二气在交，换句话说是在充电了。你说心里是不是清楚？不清楚。不清楚吗？好像有人进来也知道，讲话也听到，讲些什么？不知道。你说没有睡着吗？睡着了。真睡着了吗？没有睡着，这个境界并不一定是昏沉。有许多同学搞不清楚，他说我又昏沉了，怎么修呢？老师可以告诉你方法，没有办法帮你修呀！这个要用你自己的智慧了。不过我会说书，会讲书本上的道理给你听，这个千万搞清楚。

“天地媾其精”，这个时候是“日月相撢持”。人的日月，在道家讲是两个眼睛，神在这两个眼睛里。中国阴阳学家乃至面相讲法，左眼为日，右眼为月。所以看相的说左是日谷，右是月谷，要搞清楚。还有男左女右，女人要倒转来数的，这边是太阳，那边又变成太阴了。这里女同学很多，你们不要学了一半把我的招牌打破了啊！所以你们要搞清楚，这个时候“日月相撢持”，要眼神内敛。

“混沌相交接”，有时候你工夫昏沉不是混沌。这里要先介绍一下佛家名称，佛学讲人的生命一天只在两个境界中，不是散乱就是昏沉。思想不能停叫做散乱，我们平常清醒时脑筋都在散乱中，借用现在科学的名称就是放射，放射就是消耗，一天到晚都是在放射在消耗。有时候我们似睡非睡，并没有去思想，但是，还是有点知道，轻微的思想或者像做梦一样，这个叫做掉举，比散乱轻一点点，是轻的散乱。一个人不散乱不乱想时干什么呢？就昏昏沉沉。有时候不是真睡着了，有一点迷迷糊糊，譬如中午吃饱饭疲倦迷糊一下，那是细昏沉。人生的境界不散乱就昏沉，睡醒没有下床脑子就开始思想，就散乱了。不散乱不想时就睡，所以学佛的人不能得定就是这两个原因。不散乱也不昏沉叫“定”！这就很难，定是绝对清明的，清明当然没有昏沉。但是清明过头就开始思想了，就是散乱。

有时碰到混沌的境界也把它当昏沉就错了！所以通了佛家不通道家又不行。道家所讲的混沌可不是昏沉哦！但是同昏沉差不多，当身体上阴阳相交接，就是刚才提到孟子所讲的“有诸己之谓信”，这个时候信息来了。老辈子修道人讲，工夫来找你的时候，一身都发软。发软到什么程度？我告诉各位，有时候连拿一张纸都拿不住，到这个境界一定认为自己是出了毛病，这我当年都经验过。有时候走在路上觉得头在下面腿在上面，倒过来了，我根本不理，拿不住就让它拿不住，我就不拿，充其量这个时候死了！过了这个时间，照样地钢条都可以抓！这也是一个经过的阶段。

老母鸡抱蛋你们看到过没有？这个老母鸡要抱蛋的时候脸都发红，蹲在那里迷迷糊糊，也不吃也不睡，昼夜就伏在上面一身发烫，它这个热力把蛋孵出小鸡来。这时候你碰它都不动的，在混沌状态，眼睛也不睁开。所以禅宗祖师也说“如鸡抱卵”，“如猫捕鼠”。修道的工夫到了这个混沌境界好像是昏沉，但又不是，昏沉跟混沌分别得清楚。“混沌”这个名称谁提出来的？是庄子。庄子原文不是那么详细，我把它编一编，意思完全一样的。

庄子说“中央之帝为浑沌”，有个中央的皇帝就是“中宫”，名字就叫浑沌。南北二帝在中宫相遇，中帝对他们很好，二人就想要如何来报答中帝的恩惠。想来想去，想到中央之帝什么都好，就是混沌不通窍。这两个人讲，我们给他开窍。所以一天给他打一个窍，七天七窍开，等于我们两个眼睛，两个耳朵，两个鼻孔，一个嘴巴。可是，“七窍开而浑沌死”，他的生命完了！所以后天的聪明一打开，先天生命的真体就完了。什么叫真正的混沌呢？拿佛家一句话来解释，“六根大定”，就是眼耳鼻舌身意六根都对内，就是刚才提到达摩祖师的话“外息诸缘，内心无喘，心如墙壁，可以入道”，这就是混沌境界。

水源与采补

现在我们站到伍柳派的立场来讲一阳来复，认为在男性那是阳举的时候，在女性是乳房发胀。这是阳气发动，所以要把阳采回来叫采补，但是不准动男女淫欲之念，然后把这个精炼化为气了。这对不对？也有它一部分道理，不是完全错，也不是完全对。这里头又讲水源有清浊，如果阳举过分，已经配上男女的欲念，就不能采回来了，因为水源已经浊了，采回来也不能用！

据我所知，今天社会上很多人学的都是采补的工夫，忍精不漏，认为是修道。这些人一看就知道，一脸乌黑，一看那个眼神就是邪门鬼道的样子。我告诉大家要注意哦！这样下来非得心脏病肝病不可，不是吓唬你的啊！这样的人，一天到晚胸口这里是闷的，一块板一样，那不得了的。再告诉你忍精不泄，有时候把膀胱的尿气拉回来，尿中毒，或者是大便中毒，到脑神经就不得了。所以有许多人修道，就是这样修出病来的。伍柳派这个说法，就是认为浊气不能采，不能化。那么水源什么时候清呢？是阳举未举之前，将举未举欲念根本没有，这个时候才叫做清的水源。这是伍柳派的立场哦！讲到这里，我要给伍柳派打两个圈圈，因为这一点很有道理。

但是要认清水源的清浊，还是着相的，还不是上品丹法。上品丹法的一阳来复，刚才讲过，在将醒未醒之际，身心阳气精从足底生。你们多去体会足底，足底有很多的穴道，年纪大了脚趾甲变成灰趾甲了，左边或右边的脚指头不动了，脚指头不动是肾气亏损，心脏也不对啰！所以先要把阳气认清楚了，配上意念平静，再就是“经营养鄞鄂，凝神以成躯”。这个神是指六根都收回不向外走了，拿佛家来讲就是“一念不生全体现”。这个时候“凝神”凝转来，老母鸡抱蛋一样“凝神以成躯”。为什么我多年来提倡修白骨观？白骨观修炼得好就是“凝神以成躯”，身体一定健康的，祛病延年健康长寿不成问题。因为白骨观一观成，那就是真正的“凝神以成躯”。其实不是真的白骨，是“凝神”凝拢来的。

第二十三讲

人老有药医

真正的栽接法

天符进退章第四

金丹 火候

天地开始只有阴阳

人老有药医

上一次我们大概提到伍柳派的“一阳来复”、“水源”、“清浊”的说法。有人提出有关《无根树》的问题。《无根树》是道家张三丰所作的，他是元朝到明朝的道士，是太极拳的祖师。另有一个张三丰，也是一个修道家的人，是南宗的，讲男女双修，这两个人不能混淆。《无根树》词里提到栽接法：

> 梅寄柳 桑接梨 传与修真作样儿
> 自古神仙栽接法 人老原来有药医

他以物理的道理说明，人老可以修到返老还童。梅树如果不用别的树来栽接，是不会结成梅子的，所以“梅寄柳”，这是中国古代农业的科学，我们用了几千年。梨树要结成梨子是用桑树来接，才能够结果，不然光开花不结果。这个作用传给我们修道人，当生命衰老快要死亡时，可以使他返老还童，可以使他不死，这个是栽接法，所以说“人老原来有药医”。

这个返老还童是什么药呢？当然主要不是外药。道家的外药，什么长生不老丹药，什么小还丹、大还丹等等，好多方子，千万不要乱服啊！在药理上、医理上讲，绝对有道理，可是有时候吃下去精神特别好，反而把人吃死了。不是药把你害死了，是因为精神太好，自己以为了不起，做了许多的坏事促成你快死。至于金石之药，矿物配的外丹，那效果更快。如果自己戒律不清净，死亡得也更快。修道基本的原则是清心寡欲，乃至于绝欲，这是最高的守则。如不能做到绝欲，甚至基本的清心寡欲也做不到，想返老还童是不可能的。

宋朝笔记小说中写一位老先生，七十几岁，等于现在部长之流，功成名就告老还乡，家里很有钱，地位也很高，妻妾也很多。他觉得年纪大了，怕死。听说有一位修道的人已经八九十岁，看起来只有四十许，所以就把他请来，要向他求道。这位道人说你不要修道了，你官做得很大，又富贵高寿，你应该满足了，修道是很苦的事，不简单。如果一定要求道，第一个条件要离开你这些太太们，声色犬马、吃喝玩乐的一概都不能要，然后才能跟我修道。这位先生一听，就送了道人很多礼物把他送走了。

人家说你不是要求长生不老，把这个神仙请来了吗？为什么又不学呢？他说人活了一辈子，除了吃喝玩乐之外还有什么好玩的？叫我这些都放弃去修道，那又何必长寿呢！这也是一种哲学，没有错！可是从这一个故事，我们就了解，世界上的人样样都要，功名富贵要，钱也要，名也要，无所不要，最后还要成仙成佛！哪有这样便宜的事！我常说有那么便宜的事，他们出家又干什么呢？不是白出家了吗！有这一点好处就不会有那一点，很公平的！如果饮食男女不能远离不能绝欲，那丹药吃下去就会早死。

“人老原来有药医”是靠内药，内药是炼精气神。像张三丰的词，道家称这些书为丹经，《参同契》就是道家丹经之鼻祖。修长生不老之道是中国道家开创的，但是密宗的讲法又不同。很多人怀疑密宗许多的修法是中国道家传过去的，也有人怀疑道家的许多修法是印度当年传过来的，这个考据起来都很困难，反正是东方文化。讲密宗这些修法是道家传过去不无理由，也可以有很多的证明。在历史上，最重要的是唐太宗将文成公主远嫁西藏王。这个时候西藏还没有文化，开始引进了佛教。文成公主远嫁西藏的时候，带过去有好几位儒生——就是读孔孟之学的读书人，其中也有道士。所以在西藏可以看到太极图、八卦图。严格研究起来，这是很有趣的一个问题。我们也可以综合而论，人类文化研究生命永恒存在的，几乎是同一条路线来的。

真正的栽接法

我们回转来讲，密宗同道家一样也有栽接法，可是一般人把栽接法误解了，所谓长生不老之药，是本身内丹真气发动，这才是真药。老子也提到如婴儿一样，真气发动，毫无欲念，这个清的水源，才可以采回来，这也是伍柳派的运转河车理论。运转河车成为九转还丹，这两句话包含了工夫方法，每一步有一步的效验，一步一步有不同的方法配合。我们借用佛家的话，每一步都有助道品（法）帮助他化炼。

究竟真元阳气这个药物的开始在哪里呢？丹经鼻祖的《参同契》另有说法。但是伍柳派的旁门左道很多，譬如说古代的《素女经》、《玉女经》、《洞房秘诀》等等，其实都是医书，这些医书可以说是自我治疗的方法。可是其中提到了许多男女关系，现在在国外很流行，法文、英文翻译得一塌糊涂！密宗更不得了，在欧洲、在美国都是公开还加一塌糊涂！这是真的！都变成男女双修，所谓“采阴补阳，采阳补阴”。假定世界上真有这一种办法叫做栽接法，我是第一个坚决地反对！一个修道人怎么能损人利己呢？如果损人利己也可以成仙成佛的话，那世界上的人尽管做恶人好了！

至于说正统的栽接法有没有？有！譬如西藏密宗所谓颇哇法，就是往生法，也就是道家的夺舍。这个在前面都讲过，要修到一念专精才能往生，佛家讲念佛要念到一心不乱。在道家来讲，要升天入地必须修到一念专精而不散，也就是要阴神坚固，才能有把握往生。阴神不坚固没有用的，这还谈不到阳神。所以密宗颇哇法跟弥陀法连在一起修，但是修弥陀法的人，必须同时修长寿法。长寿法的佛是药师佛，往生法的佛是阿弥陀佛，这两个是连着的。换句话说，阿弥陀佛也是药师佛，也是长寿佛！这中间有一个秘密，那就是栽接法的作用。不过在佛教密宗的修法里，他配合了佛教的形态，配合佛教的学理，是走另一个路线。

至于道家的栽接法，不管咒语，也不管观想，因为道家不谈这些，道家没有宗教东西。根据佛说，一切音声皆是陀罗尼（咒语），就是我们现在讲话也是在念咒。道家的栽接法同佛家的长寿法非常有关联，可是我们只能讲理论，道家要修炼到什么境界呢？借用庄子的话，就是“与天地精神相往来”才是最好的栽接法，那是真的！假使有人懂这个方法，可以说一刻之间，等于我们静坐半个钟头以内，就可以把生命转过来。

有一位同学研究密宗很深的，他修长寿法、不死法，他写日记寄给我看，要我批，他说不食不死。我说，你说得没有错，不过越修越死。人要不死太难！而且你修的这个不死法还不是密法真正的不死法。密法有这个法，太容易也太难！先要把本身的气脉通了，就是“与天地精神相往来”，到死的时候，自己晓得身上的气脉快要封闭了，你必须先有这个把握。就像一般人肚子痛，你问他哪里痛？他有时候指下面，有时候指上面，身体部位差一个指头就差很多，他连一个肚子痛就搞不清了，何况是气脉！普通人对内在的气脉不会了解，所以必须要做到“内照形躯”，可以照见自己内部才行。

譬如佛家修白骨观的，真修到了以后，他对内部经脉的流行看得很清楚，不用眼睛，只要一体会就很清楚，晓得哪一部分不对，哪个地方有阻碍了。密宗修不死法到那个程度时，把这个气脉流动认清楚，就要闭气，停止后天的呼吸一个时辰。我们平常呼吸不能够停掉，所以一定要有了这个工夫，才能修不死法。要死的时候就在这一个时辰，这个时辰给你一拖过去就可以不死。不过我还没有死过，我是说书的，没有经验也没有工夫。这在理论上绝对通，工夫上做起来就难了。这是不死法，同栽接法没有关系，栽接法是补法，等于吃补药。我叫了好几年，你们好好研究白骨观，这个里头就有补法在里头。可是叫归叫，没有人信，怎奈众生不上船，你不上船，有什么办法！

提到张三丰祖师的《无根树》，文学很高喔！“梅寄柳”，人是可以用自己的精神采补回来的。再说，我们平常的精神是向外放的，六根都是向外走，怎样把精神做到内敛，与天地的精神相往来，与虚空结在一起，这就是栽接法，并不一定靠外药，更不是靠男女关系才叫栽接法。我现在所看到的，几乎是万修万错！这些道法，一般人知道的都是渣子，不会真的知道，太难了。这是答复同学这个问题。

天符进退章第四

于是，仲尼赞鸿蒙，乾坤德洞虚。稽古当元皇，关雎建始初。冠婚炁相纽，元年乃芽滋。

圣人不虚生，上观显天符。天符有进退，屈伸以应时。故易统天心，复卦建始萌。长子继父体，因母立兆基。消息应钟律，升降据斗枢。

三日出为爽，震庚受西方。八日兑受丁，上弦平如绳。十五乾体就，盛满甲东方。蟾蜍与兔魄，日月炁双明。蟾蜍视卦节，兔者吐生光。七八道已讫，屈折低下降。十六转受统，巽辛见平明。艮直于丙南，下弦二十三。坤乙三十日，阳路丧其朋。节尽相禅与，继体复生龙。

壬癸配甲乙，乾坤括始终。七八数十五，九六亦相当。四者合三十，阳炁索灭藏。八卦布列曜，运移不失中。

元精眇难睹，推度效符征。居则观其象，准拟其形容。立表以为范，占候定吉凶。发号顺节令，勿失爻动时。

上观河图文，下察地形流。中稽于人心，参合考三才。

动则循卦节，静则因彖辞。乾坤用施行，天下然后治。

金丹 火候

现在我们继续《参同契》的本文，“天符进退章第四”，朱云阳真人注解：“此章，言天符进退，乃金丹火候之所取则也。”道家说的金丹是个代名词，就是自己生命的根本动力。把生命根本的动力抓住了，那个作用叫做金丹，并不是黄金炼成丹。不过古人有吃黄金做的丹，这个方法我知道，所谓吞金死人，不是黄金把你毒死的，是金子吞下去以后，下坠把胃穿了孔，肠胃就破裂了。

我们这里有一位同学，有一天夜里十二点给我打电话说，老师啊不得了！某一个同学把金牙齿吞到肚子里去，这怎么办？我说，快吃韭菜！叫他切长一点，锅里头拿一点油盐炒一炒吃！可以化金，第二天金牙齿还能找回来，当然明天自己要在那个地方（马桶）找一找。结果这位同学很听话，去买了韭菜，也吃下去，仍然觉得还在肚子这里。我说叫他明天一早去照 X 光，不对就去开刀嘛！到了第二天，照了胃镜，没有，下面肠子照相，也没有牙齿。到了下午，电话来了，老师，某某人牙齿找到了。哪里找到？当然从那里出来了，水冲冲洗洗照样可以戴上去（众笑）。

金属的东西吃下去，有些会中毒的，像金、银、铜、铁、锡，都是容易中毒的，在道家可都是炼丹的药。黄金先要把它化成液体，黄金加现在的化学药品，化成水不能喝啊！一下去了以后连肠子、胃都要烧烂了。道家的发明，黄金万一中毒了怎么办呢？吃鹧鸪鸟的肉可以解。这个话本来不想讲，这一讲就要杀鹧鸪鸟了。我在试验这些丹药的时候，都要先把解药找来。我想这些古代神仙，为什么要喝黄金？有什么好处呢？我现在没有结论，我这个药没有试，别的药我试过了。譬如水银我试过，砒霜、硫黄我试过。你们同学们不要随便去试啊！不是好玩的。当我试吃这些药的时候，那就是等于自杀，准备就跟你们诸位不见面了。

我们晓得金丹是个代号，有些人误解，把这个金丹代号当成打坐。尤其是伍柳派，经常提到“圆陀陀，光烁烁”，金丹呈现。因此现在有些守上丹田、守眉间的，打坐久了，眼睛看到亮光，喔！这是道！在我看来那是鼻孔漏气的道。我们这里同学打坐的都会随时看到亮光，那有什么稀奇！那全是第六意识的幻影。道家有一派搞不清楚，打坐看到一点亮光，哎哟！这是金丹现前！要把它停留住。

修密宗的人把这个亮光叫光明定，有相的光明定是最下等的，要修到无相光明定还差不多，可是仍然还不究竟。有些人误解这个事情，认为是精神锻炼成的。也不是的，那是光影。所以禅宗祖师骂人——“落在光影门头”，自以为是悟道了，那是走了岔路，非常着相。

金丹这个代号，等于佛家讲颠扑不破金刚的意思，丹就是祛病延年不死之药，把这两个观念合拢来就是金丹。再说在中国的阴阳五行里头，金是代表西方，木是东方，阿弥陀佛是属于五行里头西方金的方法，药师佛是东方木的方法。所以东方是生生不已的，西方是不生也不灭的，而金丹这个道理，只是一个形容。

火候呢？不同了！这个道家名词我非常佩服，火候只有道家用，用得好极了。任何佛法或道家的修法，可以传你丹诀，没有办法传你火候，这个火候非常重要，只能由你自己体会。你说佛法修持里有没有火候？有啊！譬如修白骨观，佛经常提到要“易观”，到了某一个程度，你要换方法，这就是道家的火候。某一个方法，修到某一个程度不能继续修下去，再修下去就因药而成病了。

这个道理永嘉禅师在《永嘉集》修止修观上面讲得也很清楚。譬如昏沉是病，惺惺是药；散乱是病，寂寂是药。但是你寂静太过了就变昏沉，惺惺太过，也就是清醒太过了，变散乱，都是因药而得病。道家修法也是这样。所以我看许多修道的，万一说哪个工夫对，他因为做得太对了，就变成不对了，因为他不知道火候，该止的时候不知道止，该进的时候不知道进。所以孔子在《易经》上说：“知进退存亡而不失其正者，其唯圣人乎。”这就是火候。做人做事也一样，股票有该买的时候，有该卖的时候；做官有该退休的时候，有该辞职的时候。火候虽然那么难，我们这位丹经鼻祖的作者魏伯阳，这位千古神仙的领袖火龙真人，他告诉我们，火候并不难，重要的是要懂学理也懂得学问。

天地开始只有阴阳

“于是，仲尼赞鸿蒙，乾坤德洞虚”，仲尼就是孔子的号，孔夫子赞鸿蒙，赞叹《周易》。《周易》是由乾坤两卦开始，鸿蒙是形容宇宙的开始，也就是庄子所说的浑沌，“乾坤德洞虚”是赞乾坤两卦的重要。“稽古当元皇，关雎建始初”，我们的文化是实证的文化，所以讲道家的学术，一般人容易误会是男女双修的问题，这个地方误会就来了。“稽古当元皇”，我们上古文化的《诗经》，第一篇由讲男女爱情开始——“关关雎鸠，在河之洲。窈窕淑女，君子好逑。”我们小时候念到就摇头了，然后同学你看我做个鬼脸，我看你做个鬼脸。现在把色情叫黄色，我是反对！黄色是我们中国人好的本色，何必自己打自己的耳光。我们本来把这个东西叫做桃色，多好听呢！偏要把它弄成黄色，颠倒众生毫无办法。《参同契》说“关雎建始初”，天地开始只有阴阳，人伦开始只有男女，动物生物开始有雌雄，都是两性。其实这个两性不要想错了，这是正反两个力量，一正一反，阴阳两个是代表的名词。

“冠婚炁相纽，元年乃芽滋”。中国文化古礼，男子“二十而冠”，不叫童子，准备成年了，头发就编起来，戴个帽子叫做“弱冠”。我们中国古礼是“女子二十而嫁，男子三十而娶”，中间年龄距离十年非常正常，现在拿医学来说，才晓得我们老祖宗大有研究。“冠婚”就是讲年轻男女结婚，“炁相纽”是电感的作用。这个“炁”你要注意啊！中国古文是炁火之谓“炁”，上面是个“旡”，没有，空的，下面四点代表火。拿现在话讲是生命那个“能”。“相纽”是阴阳二气，互相结合。“元年乃芽滋”，我们这些书上印的“元”都是唐朝以后改的，原来是“玄”。古书的“玄”、“元”都混合起来用，因为唐明皇叫唐玄宗，皇帝的年号不可以乱用，所以唐明皇的后代把那个“玄”字都换成这个“元”了，是避讳来的。“元年乃芽滋”，他说男女两情相爱而结合同电感一样，阳电同阴电一接触，“乃芽滋”，才发芽。我们想想看，物理世界阳电阴电接触是什么？轰！打雷了！雷不是坏事，这个时候阳能才发动。修道的人有时候是会打雷的，有些人打坐，自己肚子里头“砰”爆炸一声，把自己吓成神经了。小说上叫做走火入魔，其实火也没有魔也没有。有些人脑神经气脉走通以后，闭眼坐在那里，听到天空中一声炸雷，比夏天雷还要大声，张开眼睛什么都没有。这个都是“元炁”发动最初的现象，最初的作用。

第二十四讲

如何对应天符

长子和海底

再说太阳月亮

如何对应天符

“圣人不虚生，上观显天符。”这句话就像《易经》作者的形容，“仰以观于天文，俯以察于地理”；又像仓颉造字“见鸟兽蹄迒之迹”，将天文、地理、人类、动物、植物，一切生物各种的变化综合拢来，构成法则。所以圣人仰观天文，“显天符”。这个天体的运动，一年十二个月，一月三十天，一天十二个时辰，一个时辰三刻，一刻有多少分有多少秒。整个宇宙的运动和所有生物的生命息息相关，逃不出这个法则。你血液的流行，脉搏的跳动，呼吸的次数都是固定的法则，不能随便，你没有办法改变，此谓“天符”。

“天符有进退”，进退就是一消一息。“屈伸以应时”，“屈”就是内收，内敛；“伸”就是向外伸长，都有一定的时间。所谓一定的时间，是天体自然的法则。我们的生命也有一定的时间，人身是个小天地，大致上同宇宙的法则配合，可是有时候法则虽一样，并不一定配合宇宙的时间，这个要活用了。前面说过《易经》所讲“周流六虚，变动不居”，就是这个道理。“屈伸以应时”，怎么“应时”法？这个要注意！

普通我们修道家的，有一个问题，现在要讨论一下，像修伍柳派讲的打坐，要在子午卯酉四个时间打坐，前面已经提到过。为什么在这四个时辰打坐呢？因为子午是地面正应对天体的磁场，也就是物理上的磁场正好对应，这个时候打起坐来容易得定，心境容易凝静。但是半夜子时是“一阳初动处”，正午午时是“一阴初生处”，所以阴阳不同。卯酉是阴阳正平的时候，所以卯酉沐浴，就是孔子在《易经》里讲的“洗心退藏于密”。拿佛家来讲，是把念头空掉，连空也空掉，空到彻底，就是沐浴。

前面讲过“子午抽添，卯酉沐浴”，“抽添”是用有，不是走空的路。但是这个有，不是故意的有，是妙有。子时是添火，生命功能天然有阳气上升，是修道要配合的，但是心理不要帮忙，凡事要宁静下来，让它自然发展。一般不懂的人，身上阳气发动，就要帮帮它，喔！过关了，经过那里经过这里，在那里做鬼相！人还没有先修好，鬼却先修成了。所以这个时候是“应时”，应阳能发动时，你不要妨碍它。佛在《心经》上说“不增不减”，孟子讲不可揠苗助长。但是许多人修道做工夫都在揠苗助长，所以吃亏了。“冬至一阳生”是指阳生起时，念头不去做主，只是看着它。《心经》说“照见五蕴皆空”，只是照着，这个是“抽添”的“抽”，阳长时你心反而宁静。到了中午时分阴生了，容易昏沉，你倒要“添”，提高警觉了，也就是永嘉大师所讲的“惺惺”，不能昏沉。所以“屈伸以应时”的道理是如此，工夫自己去应用就是火候。

“故易统天心，复卦建始萌”，你们懂了这一句，也就懂了《易经》。日月之谓“易”，“易”包括“天心”，“天心”就很难解释。《易经》的乾坤两卦代表阴阳，阴阳是道的用，不是道的体。阴阳、动静、善恶、是非，都是道的用，道的相。这都是相对的，有阴就有阳，有是就有非，有动就有静，有善就有恶，有光明就有黑暗，这都是相，不是道。道的体，那个能阴能阳者，不在阴阳上面，那个是道，要把这个搞清楚才能修道。那个道，在佛家是明心见性，佛说“万法唯心”；道家叫做“天心”，永远居中而不动。“易统天心”是讲阴阳法则的用，这就要懂得修道了，你要“天心正运”。换一句话说，你念头越空，把身体越忘掉，那个生命力发动得越快。

这个时候“复卦建始萌”，地雷复卦，上面五爻都是阴爻，下面一爻是阳爻，“一阳初动处，万物未生时”。这个卦上卦是坤，代表地；下卦是震，代表雷，这个电能从下面发上来。地雷是什么时候打？春天惊蛰时候打，那个地雷打起来声音都不同，这就是所谓“惊蛰一声雷”。依中国的农业科学，这个时候才可以开始耕地种稻插秧了。不到惊蛰你那个稻子插下去都不会成长，所以“惊蛰一声雷”，开始农忙了。这个雷配八个卦，天雷无妄，水雷是屯，山雷是颐……共有八种雷。现在只讲复卦的震，震为雷是雷电，第一个发动，震者震动也。在十二辟卦图表上，震卦在阴历的十一月，是地雷复卦“冬至一阳生”。我们每天的震卦呢？就是我们这个生命的“活子时”，也就是你休息睡眠到极点，阳能发动的时候。真的阳能发动不止生理方面，所以我常常问诸位同学，人怎么样醒的？怎么样睡的？为什么睡够了会醒？这些现象要先把握住，这就是“复卦建始萌”，刚刚萌芽的意思。

长子和海底

“长子继父体”，《易经》八个基本卦，乾坤叫做父母卦，乾卦是阳，代表父亲，坤卦是阴，代表母亲。震卦是坤卦的第一爻变成阳，所以谓之长子。中国的家庭制度，大儿子代表家长，父母生了一个大儿子，表示继承“父体”。在修道上，父母给我们这个生命，女性超过十三四岁，只要第一次经期来了就进入后天生命；男性十五六岁后情窦一开，生命后天破损开始。要想恢复到父母所给先天无漏之体的生命，就要把握长子这“一阳初动处”。

“因母立兆基”，坤卦代表母亲，代表阴性。阳能怎么发动呢？就要静极则阳生。静极就是坤卦母体，是阴极；动极就是父体。中国过去的家庭制度，男主外，女主内。现在无所谓了，因时代不同了。“因母立兆基”，这个震卦是由坤卦来的，代表了阴极了就阳生。你打坐为什么要求静呢？因为静到了极点，阳能才发动。

“消息应钟律，升降据斗枢”，阳能发动是一步一步、一点一点来的。譬如我们人身背脊骨的二十四节，代表一年二十四节气，也等于十二个月。所以当“冬至一阳生”时，尾闾发胀，一路上来，二十四对神经等于一个天梯接起来。这个阳气发动在身上，一消一息“应钟律”，意思是对应十二律历的十二个月，或者十二个时辰，像过气节一样，一节有一节的作用。我们身体这个小天地，血脉等于长江、黄河、溪流样样都有。宇宙间所有的一切，身体内部都有，当然也有很多众生，有细胞也有寄生虫。

譬如天体有北斗七星，我们身上有没有北斗七星呢？有！但是你不要着相，真的北斗七星是什么？就在人的内心、念头、七情六欲。讲有形的人体北斗七星，你看脸上有七个。而且人体很妙的，都是三角形的，密宗有时候画坛城是三角形的，现在我把密宗也给你们公开了。密宗所谓生法宫，是生命来源的地方，普通叫做海底。海底在哪里？男女都一样，在前阴后阴的中间，就是前面生殖器和后面肛门的中间的三角形地带，不过这么一点点大。这个地方是生命来源的根本，瑜珈把这个地方叫做灵蛇的窟穴，像龙蛇潜伏在那里。没有修道的人，死后它就跟地、火、水、风四大一起化掉了。如果经过修道把握得住，生法宫升起的生命能，可以修成不死不漏之果。所谓不漏之果，是绝对无欲念，由欲界天升华到色界天去了。

我们人体上，外表两个眼睛到鼻孔，两个乳房到肚脐，都是三角形，对不对？这是人体的奥秘，还有七角形、八角形的。懂了人体这个奥秘，气脉的转动就会很清楚了。所以密宗不告诉你，只画图案三角形。那么密宗这个图案怎么来的呢？《易经》和《河图洛书》怎么来的呢？归根结底，应该说是来自上一个冰河时期的人类。以佛教来说，上一个佛，迦叶佛的末法时代，人类文化已经达到了最高峰，生命的科学也到了最高峰，可是天地毁坏，留下这些图案给下一个时代的人，慢慢再去研究恢复。所以在人类文化达到最高峰的时候，这个地球又崩掉了，这也就是成、住、坏、空的法则。所以佛道两家要我们赶快修，跳出来这个循环。

再说太阳月亮

“升降据斗枢”，这个一升一降就靠北斗中枢做主。真正的中枢是什么？在人心，我们这个心脏。佛家密宗讲“脉解心开”，显教讲“意解心开”，都一样。这个心脏的外形看起来就像八瓣莲花一样，所以禅宗真到开悟，密宗修成功的时候，心脉轮一定打开了。但这并不是心脏张开了，不要当成有形的开。人的心脏外面有八瓣，里面有七窍，像是个小漏斗一样在动，七窍就像是“斗枢”，念在心（广义的心念之心），因此我可以告诉你们，修观心法门都在心的（广义的心）部分，不要在脑子里幻想。脑子是与第六意识分别有关，不要多用，你还是观心，先观有形的心，你慢慢就可以得凝得定了。这个道理也就是“升降据斗枢”，因为“斗枢”还是在心。

“三日出为爽，震庚受西方。”我常常说古人的诗“人生几见月当头”是真的！一个人活了一辈子，一年有十二次月圆，可是我们一年当中见过几次月圆啊？很多次月亮升起的时候，你去睡觉睡掉了。我常说，曾在雪山顶上看过明月，那个时候披着一个红色的斗篷，里头是皮的，站在峨眉山顶上，冬天十二月，月亮一出，万山冰雪，这个琉璃世界看了真不想睡觉。世界上几人享受过这个味道？那真好！那才叫做清福！所以我晓得福报享完了，就该死了，但是现在还没有死。

我有一个老乡在南洋大学教书，退休以后研究中国天文，每天夜里不睡觉，跑到房子顶上去看天文。他说研究

《易经》同天文有关系，蛮有道理，可惜缺乏师承，没有好老师教很痛苦，摸了很久，还是没有摸到关键。所以师承很重要，但很难。

现在讲天文现象讲到月亮，“三日”是每月的初三。“出为爽”，爽是“晦爽”，一个文学名词，指天快要亮时。“震庚受西方”，初三的月亮，下半夜在西南方看见。震是东方，庚是西方，是《易经》的卦象。震跟庚，就是东跟西配拢来。震代表一阳来复，代表东方的生气，代表太阳的光。月亮本身不发光，它同地球一样，吸收太阳的光反射出来。所以震，太阳的光明照到初三月亮，那时月亮刚刚在西方出来，就是在庚方，“受西方”，在西方接受。

如果拿道家的学理来讲佛学，修阿弥陀佛净土法门，是生法，不是死法，所以生西方极乐世界是长生不死之法。慧远法师在庐山创白莲社修净土法门，但我们应该知道他原来是修道家的。你把这个学术源流一查清楚，就知道净土宗了不起了，那是长生之法，不是叫你死后往生，那只是方便之说而已。所以修弥陀大法，一定跟药师法、长寿法配在一起，这样密宗的秘密你就懂了！

五天叫一候，初三再加五天是初八，“八日兑受丁”，后天卦兑卦（☱）是在西方，初八的月亮，上半夜大约十二点钟，看到月亮在正南方，像半截烧饼一样，文学上叫上弦月。怎么叫上弦呢？古人拉弓拉平了叫上弦，“上弦平如绳”。初八的月亮，阳气会慢慢增加，增加到一半，“十五乾体就”，到了十五，完全是乾卦，纯阳之体的圆满月亮从东方出来。

“盛满甲东方”，我们以前讲过：“日出没，比精神之衰旺。月盈亏，比气血之盛衰。”有时候同学问我，老师，这两天睡不着觉啊！这个时候是“盛满甲东方”。但是你必须知道，睡不着以后会怎么样？一下反过来就要想大睡了！好几天都是想睡觉。所以不懂道理，天天问老师也无用，老师不会帮你成道啊！火候要自己去体会。

“蟾蜍与兔魄，日月炁双明。”中国人比喻，月亮里头有个蟾蜍，是有毒的癞蛤蟆，但是它可以治大病的，可以做起死回生的药。你们看那个画的神仙叫刘海蟾，他是五代后梁人，是燕王的宰相，后来修道出家了，民间叫他刘海仙。刘海仙用铜钱来钓蟾蜍，你们看到画的一个神仙站在海边，钓竿上套了三个古代的钱，钓上来海里一个三角蟾蜍，这是比喻海底的丹，是道家的修法。那么你懂了以后，道家的画也会看了，这三个钱分别代表了精、气、神。

第二十五讲

圆月 眉月 钩月

朋友与光明

封禅 禅让 禅与

更年之后如何

配卦与阴阳

圆月 眉月 钩月

前面我们说到，月亮的出没与生命是同一个法则，月亮的出没影响到人的情绪，影响到生理的变化。在美国有很多科学的调查，这里朱先生有一篇文章就是这个统计调查，现在国外的司法单位也在研究犯罪与这个月亮圆缺的关系。月圆的时候人的情绪较为高涨，月亮暗淡的时候人的情绪低落，乃至地表的潮水气候都受到影响。

讲到“蟾蜍视卦节，兔者吐生光”这两句话，我们中国人讲月亮里头有一个三角的蟾蜍，那是个影像啦。究竟月亮那个圆球里头什么情形，我们不要贸然地下结论。现在人已经登陆月球的表面，月球的内容还搞不清楚呢！当然不会像我们古代那么讲，月里头有个仙子啊，有一棵桂树啊，这是神话。有个蟾蜍，有个兔子，也是神话，代表了古代科学的符号说明。这里也借用这些神话，但是这里讲的是科学，就是月亮里头的黑点。

“七八道已讫，屈折低下降”，“七八”是七天加八天，就是每月阴历的十五，月亮圆满，阳气已经到了顶。阳极则阴生，所以月亮开始在变了，就是光芒在减了。

从阴历十六开始计算，“十六转受统”，转了。十五以前是阳气统受，十六以后是阴气统受了。“巽辛见平明”，“巽”

是巽卦，巽下断，下面一爻断为阴，是一阴初生，上面两爻还是阳。“辛”是天干，代表西方，“见平明”，早晨看得见。

那么到了“艮直于丙南”，“艮为山”是卦名，艮卦跟震卦相反，艮下面都是阴，上面留一爻还是阳的。“艮直于丙南”，就是说到了阴历二十三以后就成艮卦的现象，南方看见“下弦二十三”，叫下弦的月亮。那么再加五天就是二十八到三十，就是坤卦纯阴了，看不见月亮。“坤乙三十日”，“坤乙”，甲乙是东方。“三十日”，每月的月尾。“阳路丧其朋”，月亮完全没有了。这是讲艮、震的道理。

“丧其朋”出自《易经》坤卦卦辞：“西南得朋，东北丧朋。”假使要出门，卜到坤卦，向西南方走最好，那是大吉大利，“得朋”是有贵人相助。如果向东北走呢？就不好了，“丧朋”，跟朋友闹翻了或者打官司，或者有朋友过世了，这是照字面的解释。

朋友与光明

但是我们研究《易经》的学问，想知道古人何以断定西南会“得朋”，东北会“丧朋”，所以就要研究古代什么叫“朋”，为什么这样写。

我们先讲“宝贝”，因为上古民族在西北在河南一带，贝壳很不容易得到，物以稀为贵，所以老祖宗用贝壳代表钱。什么是“朋”呢？就是两串的贝壳，挂在身上出门，这是“朋”字的象，就是钱很多，后来朋友就用这个“朋”了。我们研究中国字，想想有道理！交朋友就要钱，没有钱就没有朋友，“有酒有肉皆朋友，患难何曾见一人。”这个

"朋"字就是两串钱挂上去，所以宝贝，是贝亦是朋。

如果卜到坤卦，"西南得朋，东北丧朋"，古人《易经》的注解多得很，西南方，刚才讲过是生方，加上卦的方位及干支，再加上种种理由，各家的说法不大相同。我有一个老朋友是有名的学者，原本同意要把《易经》翻成白话，还没交卷就过世了。当时台湾商务印书馆负责人王云五先生托人来跟我讲，无论如何勉为其难，把它完成！我没有办法就答应来做。开始觉得无所谓，但是把《易经》翻成白话，一开头就麻烦啦！譬如碰到"西南得朋，东北丧朋"，平常我们不写成文字，解释很容易，告诉你们就好了，变成学术一解释，完了！我本来想六十四卦，一天一卦就解决了，结果三年也动不了几卦。后来实在没有办法，其他事情也越来越多，只好交给学生帮忙交卷写好，不算数啦！他成书后我也发现有些错误的地方，不过那个学生能担起来实在已经了不起了。

在那一本书上也提到，这个"朋"字可能自古就错了，应该是光明的"明"。原版《易经》古人是刻在竹板上的，用久了，翻过来调过去，变了一点点就不同，"明"字就变"朋"字了。所以不是"西南得朋，东北丧朋"，我想应该是"西南得明，东北丧明"。道理是什么？坤卦代表是月亮，每月初三先见于西南方，所以"西南得明"，到每月月尾二十三，天亮在东北方看见眉毛之月，这个时候是"东北丧明"。因为《易经》流传下来的版本是写"朋"字，这个"易更三圣"，中国圣人的文字谁敢碰它！"朋"就"朋"到底吧。所以后人只好加上许多理由来解释，而我也不敢讲我的说法一定对，你们自己判断吧。

封禅 禅让 禅与

“节尽相禅与，继体复生龙”，一节过完，刚好一个月。“禅与”就是禅位的意思。后来佛法用到“禅”字，古代这个“禅”字也代表宗教，就是所谓禅让。中国古代统一天下的帝王，最严重的一件大事就是封禅。秦始皇封禅，汉武帝封禅，但历史学家认为这些皇帝都不够格，除了我们老祖宗黄帝，只有尧与舜才有资格去封禅。封禅是干什么？封禅是代表全国的人民，代表全民族，到山东登到泰山绝顶，举行仪式，烧起大火来，表示这个皇帝成功了，有大功德，可以向上天报告，我做了几十年，对得起国家，对得起老百姓，所以可以告慰向上天交卷，可以封禅。

司马迁写《史记》的时候，特别写了一篇封禅书。这一篇文章，他列举了我们中国历代的皇帝有资格封禅的；然后讲到秦始皇统一天下，也来到泰山封禅。他到了泰山，一方面封禅一方面求神仙，想求得长生不死之药。秦始皇的封禅有这一个企图，所以到了泰山碰到大雨，在五棵松树下面躲雨，后来就封这五棵松树做五大夫，松树都封了官。据说他虽然没有碰到神仙，也碰到一个人，教了秦始皇鞭地之法，就是缩地法，可以把地缩拢来。如果我们有这个方法的话，到美国去不要买飞机票了，画一个符，念一个咒子把地球缩拢来，踏一步就到了。这缩地法也叫鞭地法，拿鞭子打地就可以缩拢来，是神通啊！他描写这些讽刺秦始皇，也讽刺了他自己当时的皇上汉武帝，封禅也是不够格的。这几个皇帝封禅一次，那个文武百官的队伍，由河南起到山东，一路的部队连结不断好几个月，那个威风之大，消耗之大！所以司马迁写封禅书是讽刺的文章。

外国人讲“你们中国人没有宗教的精神”，其实只要你把封禅书一读就懂了，在我们文化里，对于宗教迷信思想，认为是很丢脸的，很没有面子的。司马迁就有这样的看法。但是他并不是反对宗教，他认为真正的上天，真正的道，或者后世讲真正的佛菩萨，并不需要你去封禅，去拜祭的。你真做好人，真做好事，那个神菩萨会来找你，这是真正的天人，真正的佛菩萨。如果你去拜去求，他才来保佑你，这个菩萨已经变成萨菩了，不够资格！佛菩萨、神、天人，无所不照应，善人要照应，使你更好；坏人他也在照应，督促你改过，这是天地之心。司马迁写的是这么一个道理，这个书要如此去读。

讲到这个“禅”字，牵涉了封禅，我们文化上还有一个很重要的禅让，也是这个“禅”字。尧、舜、禹三代公天下，皇帝当到功成名就身退，选出来继承人，禅让给他，自己自动退位。所以上古的历史，说到这几位了不起的皇帝，尧、舜、禹都成仙了。这个“禅”字很妙，是“示”旁，是向天道告示，旁边是个“单”字——中国姓氏里头有“单”姓，不要念成“简单”的“单”，而是与“禅”的古音同音。这个“禅”字，它的道理包括了很多，与天道有关，也代表了形象。

《参同契》这里“节尽相禅与”，这个“禅”字，是禅位的意思。每月二十八是月尾，月亮的光明没有了。光明代表阳气，阳气没有了，是不是说断了呢？这个里头有个问题，道家跟佛家的哲学就来啦！我们做工夫修道的也要注意。一般说女性“二七天癸至”，这是出于《黄帝内经》，十四岁第一次月经开始，父母生下先天的生命，变成后天了。假使讲修道，这个时候已经破了身，所谓破瓜，一个完整的西瓜切开了。男性十六岁，拿现在讲，性知识开发了，不过现在都市青年都提早了。由先天变成后天，就是禅与的意思，表示改变了。

更年之后如何

《法华经》上讲龙女八岁成佛，她没有到达二七十四“天癸至”，这个叫做童真入道，不分男女相。女人能不能成佛？绝对能！小乘批评女人不能成佛，大乘没有这一套了，成佛不分男女老幼。所以女性四十九岁以后开始修道，如果拿伍柳派的看法，那要加两倍的功，先要做到月经再来，来了以后再把它修断，这个断了月经的修法叫“斩赤龙”。这等于男性修到“马阴藏相”，返回到男性是八岁、女性是七岁前的童体。这种“斩赤龙”的论调，一般修道的很流行讲。

这个理论准不准确呢？不一定准确，也可以说很准确。为什么？拿有形气血的生命来讲，不是没有理由，有道理。你说阳气完啦，经期完啦，难道四十九岁的女性都活不下去了吗？还有活到九十几一百多的呢！她另外自己那个真的生命功能起来，就是接近《参同契》这里所说的“继体复生龙”，她生生不已的那个生命的功能在发动。“龙”不是说女性“斩赤龙”，而是指乾卦，代表阳气。乾卦在《易经》上都用龙来做代表，坤卦代表阴体，在动物是以马来做代表。《易经》的坤卦不是普通的马，是以母马来代表，“牝牡之精”还不是公马。所以研究《易经》要很小心，以动物代表的说法，是要把物理研究清楚才懂得它的道理。

我们要知道，女性的阳气，在停经之后继续的生命，我们可以给它一个名称——第三重宇宙的生命，这个名称是我临时创造的。我们由入胎到出生，女性到七岁，男性到八岁，这是第一重宇宙的生命。男性十六岁，女性十四岁，这个是先天与后天的分界，可以说是第二重宇宙的生命。到经期断了，男性五十六，女性四十九，先天的阳气用完了，父母给我们充的电用完了，此时再产生的电能是我们自己充来的，就是“继体复生龙”，所以叫它第三重宇宙的生命，并不是说阳气绝了就不能修道了。

这里有个问题了，像女性的月经，它这个生灭变化不绝，新陈代谢不已，去了以后又有新的生命生长。但是真的生命功能不在这个新陈代谢。新陈代谢是现在的科学名称，佛学叫生灭，道家是阴阳变化，阳极阴生，阴极阳生。能生灭、能变化的这个生命功能，并不在生灭上。所以伍柳派认为把后天有形的精收回来炼，是炼精化气，全错了。在座很多懂得医学的，还有大医生坐在后面，知道人的生命细胞、血液，随时新陈代谢，由毛孔等排泄出来。

所以说，不要认为化气是把有形的精虫卵脏化成气，气再化神，那是伍柳派的看法，至少在科学哲学上站不住脚。中国神仙道家的“炼精化气”，不是指这个精，道家炼精化气包括了荷尔蒙全体的作用，以及气血一切的生长等等全套的作用谓之“精”，要整个转化才能脱胎换骨，其中取之不尽，用之不竭。

所以人这个生命，不管男女，最后一口气未断之前，得了真正的正法、道法，专心一念之间可以把生命拉回来。可是就是难！真正的道法在哪里？“继体复生龙”，这一条生命的阳气像龙一样，它还不一定在你身体上，但是当然又离不开身体。所以密宗讲什么中脉呀！讲了半天，老实讲同伍柳派的道家一样，都在有形那一面讲。所以要了解真正正统的道家，对中国文化真正通达，这一本书就要好好研究了。

这本书很难读，也难怪朱熹朱夫子啃了几十年，啃不进去。其实他并没有那么差，这些都懂，什么道理啃不进去？就因为他一方面反对佛法，反对道家，又想做神仙，又不肯拜师，哪个人肯传给他？所以只好自己研究，又研究不通！

配卦与阴阳

“壬癸配甲乙，乾坤括始终”，壬癸两个是天干代号，属水，属北方黑色；甲乙属木，属东方青色；丙丁火是属南方赤色；庚辛金属西方白色；中央是戊己土属黄色。那么“壬癸配甲乙”怎么讲呢？北方怎么配起东方呢？水怎么配木呢？壬癸属水，这要懂得《河图洛书》了，“天一生水，地六成之，地二生火，天七成之。”现在顺便讲一点《河图洛书》，应用就不讲了，因为掐指一算那就多了。

先讲哲学“天一生水”，这个天不是代表有形的，是指中国文化形而上的宇宙原始本体。这个地球，这个世界形成，第一个是水，水代表液体，同希腊有一派哲学一样，认为这个世界是水开始的。等于我们冰冻的水果冻拢来，这个地球是冰冻而成的。“天一生水，地六成之”，冻拢来形成地球，六合就是四方加上下。壬癸代表水，“配甲乙”，所以《易经》叫配卦，就把这个法则引用到这个作用上，配拢来用。甲乙东方木，代表生生不已。这就是说明月亮一个月当中六次的变化，所以五天叫一候，六候叫一节，六五是三十天。第七天是休息日，星期天，阳气重生的日子。“乾坤括始终”，是阴阳二气变化的道理。

第二十六讲

袁枚的八索中的道理

了解进度和易观

拿得起 放得下

把握动静之间

继续讲“乾坤括始终”，乾代表天体太阳，阳气；坤代表月亮，阴气。这个“括”字也要注意，古文之所以受人尊重，是因为每一个字都不虚用。“括”字从《易经》坤卦来，说到“括囊”，像口袋一样收拢来。我们说囊橐，上面开口的袋子是囊；两头开口的是橐。“括始终”，到了阴历月底的五天，月亮的光没有了——实际上不是没有，是另一个阳在培养，含藏在阴之中，阴到极点新的生命阳生了。所以我们打坐、静坐、修道，有时候不一定是昏沉哦！

有时候感觉提不起来，或者做工夫的，有一段时间只想睡觉。常常有同学问我这个问题，我说你们这些人还修什么道！那么没有气魄，道法自然，该睡就让它睡个够嘛！有些同学不满意，说老师不肯正经答复我。其实我讲的都是老实话，他听不懂有什么办法！好几位禅宗祖师一睡就好几年，动都不动！你能够真的这样睡，也是成功的睡法。那当然不是普通的睡，也不是得了睡病。一般能够睡并不一定是坏事，那是阴极，下一步就是阳生。

修道里头有一派，号称华山派。何以称华山派呢？是因宋代的道家神仙陈抟老祖高卧华山用睡功而得名。实际上他并不是真睡，打坐是用功的方法，睡觉也是用功的方法。譬如我们中国人画的阿弥陀佛都是站着的，站立也是用功的方法，歪着也是用功的方法，各人不同。哪一种方法适合哪一个人，也是各个不同。

“七八数十五，九六亦相当”，七加八是十五，九加六也是十五。七是阳，八是阴，阴阳交，产生另一个生命。九是阳数极点是老阳，六是老阴，老阳老阴相配，就表示另一个生命要产生，阴极阳生，阳极阴生。总而言之，拿数运来讲，每月“七八数十五”是上半月，“九六亦相当”是下半个月，也是十五天。

袁枚的八索

“四者合三十”，这四个数字合拢来是一个月的三十天。“阳炁索灭藏”，索是一条绳子，什么样的绳子？我们画八卦的一爻，就是这一条绳子。讲到这里，想起清代文人名士袁枚（子才）的趣事。他做了两任县长以后，年纪轻轻，就退休辞官不干了。这个学问好又聪明又有钱的人，把位于南京《红楼梦》小说背景的大观园买下来，当时叫做“随园”，他的文集有《小仓山房尺牍》、《随园诗话》。

袁枚的钱不是贪污来的，因为满清入关后，看到明朝官吏的贪污，所以就公开给官员高薪，自然就不贪污了。“一任清知府，十万马蹄银”，考取功名，清心寡欲的人，一任之后不想再做官了。袁枚在小仓山房，四十多岁退休，一辈子诗文满天下。他专门收女弟子，所以很多人诬蔑他。他本来没有儿子，七十几岁才生一个儿子。一般人讲男人八八六十四岁阳气已经完了，不会生了。他老兄反对道反对佛，七十几岁还生儿子。他儿子的名字叫阿迟，太迟了，不过他自己还活到八九十岁呢！我们现在看看小仓山房，在乾隆年代，那个窗子已经用外国进口的彩色玻璃，你看他多会享受！

在他的住处，挂了一副对子在大门口："此地有丛山峻岭茂林修竹"，形容他那个小仓山房风景之好，有山有水；下联是："是能读三坟五典八索九丘"。八索九丘这个书难读喔！八索就是八卦，九丘就是阴阳家所用《书经·洪范篇》的九畴。袁子才挂了这一副对子，同时代另一个名人赵翼，是历史学家，也是大文豪，传说曾故意来挑他。袁枚听到他来，心里就发毛，不敢出来，叫佣人问他，赵先生有何指教？"今天来没有别的事，只向你的主人借书！"佣人向袁子才报告他来借"八索九丘"，害得袁子才赶快叫佣人把门口对子拿下不挂了。我们插进来这么一个故事，是讲"阳炁索灭藏"的"索"字。这个"索"字就是卦气，卦气是不绝的，等于后世的文字"不绝如缕"；一条丝还吊着，一口气还没有断绝以前，好像是没有气了，其实生命能还在。

中的道理

"八卦布列曜，运移不失中"，八卦的分布像一个月亮，一个月五天一候，每五六天的变化不同，配合八个卦的现象，分布列曜，同天体上每个星座有关系。这一种关系运移旋转，与天体的旋转一样，第二个月又是这样变化。变化是现象，有一个不变的东西，那个是道！"运移不失中"，就是不失中央的戊己土。所以道家、佛家、儒家没有两样的，真理只有一个，表达的方法不同而已。我经常说佛教没有反对其他任何的宗教，更没有看不起任何一个教主。《金刚经》上一句话说得最透彻——“一切贤圣皆以无为法而有差别”，这个意思是说，一切贤圣多少都得了道，只不过深入的程度不同而已！佛说的是无为法，中国文化表达就是“运移不失中”，不离中央戊己土的道理。

那么如何是“中”呢？这是个问题。我们懂了这些道理，不要在生理气脉的变化上、身体的感受上做工夫，不要认为这就是道。刚刚我们在休息时，一位朋友来说，老师啊，你不要笑我老是搞气脉。我说，你又错了！我平常骂人搞气脉，是因为你们执著气脉就是道，所以我才骂你们不对。可是有些人根本不懂气脉，却骂气脉不是道，那我就会强调气脉是道。我这个人讲话乱七八糟靠不住的，东说西说，有时候你说不要钱，我就拼命讲钱怎么好。袁子才的话，“不谈未必是清流”，天天表示清高，口口声声不要钱，不谈未必是清高。倒是玩钱玩惯了的人，他不要钱是真的，因为他玩惯了，花也花惯了，不在乎。一辈子清苦的人，清不一定高，他没有看过钱，钱一压就把他压死了。

什么道理都是一样，气脉不可以执著，那不是道。气脉同道有没有关系呢？同道有绝对的关系，气脉的变化就像月亮的运行，只是现象，所以“日出没比气血之盛衰”，你的道在哪里？道看不见，现象看得见；现象固然不是道，但没有元气，这个现象也出不来。这个要搞清楚！

下面一段这个“中”，他又叫“玄精”。这个要把它改过来，不要写“元精”，原本是这个“玄”，但是“元”也可以通啦!

“元(玄)精眇难睹,推度效符征。”魏伯阳真人也告诉我们,道在身上,但是炼精化气那个元精,不是有形的精虫卵脏。譬如说这个元气不发动,这个精还有没有呢?有的男性精虫不足,不会生孩子,就拼命培养精虫,这绝对是错的。只要培养元气根本,火力旺了,无形的精就会变成有形的精,就会有活力了。元精是一个气,精虫是现象,不是根本。所以学医要懂这个道理,否则头痛医头,脚痛医脚,那只能说是一个技师、医技,不是懂医理的医师。

这元精就难了,它非精神非物质,而精神物质都是它变的。所以他告诉我们“元精眇难睹”,看不见摸不着,无形无相。释迦牟尼佛在《楞严经》中说:“心精遍圆,含裹十方。”“心精遍圆”,那就是元精的道理,这个东西就在我们后天生命上。最严重的是下面这句“含裹十方”,“含”把它包含了,“裹”把它裹拢来了。那么你说督脉、任脉,打起坐来这里气动,过那个关,对不对呢?答案是:只要不执著就对了。

“推度效符征”,这同月亮在天体上的出没一样,一步有一步的工夫,一步有一步的效验,一步有一步的符。符者符合那个现象,征就是那个征候。那个现象那个征候一定出来的。譬如我们看某人工夫修到什么程度,内行一看这个人的印堂像月亮一样亮,他到某一步,某个现象就出来了。看女性很简单,她经期前后,一望而知。学医要学到这个程度,修道也要修到这个程度。然后你一看这个人年龄大概多少,脸上病气在哪里,也一望而知了。本来的元精、元气、元神，是摸不着、看不见的东西；既有此理，当然很难无此事，但是要像自然科学一样拿出东西来看，是拿不出来的。你说拿不出来嘛，它表现在生命上，在肉体的表现上，一步有一步的“符征”，做了工夫就有效，真能祛病延年。

了解进度和易观

“居则观其象，准拟其形容”，平常要观察天体，太阳、月亮、地球，各种的物理现象。所以要懂得《易经》，懂得象数。“准拟其形容”，我们这个身体是个小天地，自己知道准确的征候，看别人更清楚。“其形容”，有它的形象，有它的外形可以表达。

“立表以为范，占候定吉凶”，所以阴阳家把它变成一个科学，就是科学“立表”，立了一个度数。表就是一个统计的规格，到那一步就一定出现那样的境界。修道也是一样，所以真正修道，先把理论搞通了，做起工夫来并不困难。“占候定吉凶”，是说火候最难！修道的口诀容易，掌握火候难。真正的工夫，只有一个规范，没有两个，所以叫做不二法门。在一个规范之下，一个真证道的人，对于旁门左道的象征，眼睛一看就知道。

南宋大禅师大慧杲语录上讲，你们在这禅堂里冒充，骗饭吃啊！你们有没有道，在我前面走三步路，你的命根已经在我手里。因为他一望而知你的工夫到什么程度。为什么他会吹这样的大牛？就是这个“立表以为范，占候定吉凶”的道理。这个听起来容易，但是困难得很呢！不要说大慧杲，就算释迦牟尼佛、吕纯阳、火龙真人亲自收我们做徒弟，把丹法传给我们，我们修不修得成，还是疑问。

最难是掌握火候，任何方法都是活的，到什么时候就不能用，就要换，到某一步工夫就要变，或者抓紧，或者放松，或者提起，或者放下，不一定。释迦牟尼佛在《禅秘要法》露了一句修道重要的话，他说工夫修到此时，“慎自易观”，自己谨慎小心，要易观，就是换方法。重要道理就在这里，所以要“占候”，五天一候，三候一气，中气就来了。

“发号顺节令，勿失爻动时。”我们打坐做工夫，这个做主的是什么？刚才讲“运移不失中”，无论道家、佛家，这都是重点，做主的就是这个中。中在哪里？在一念之间，就是心性这个“心”。工夫到了这个时候，经验晓得应该变一种方法。譬如说上丹田，现在一贯道、同善社的，点窍都指这里，密宗叫眉间轮。中丹田在两个乳房中间，下丹田在肚脐下一寸三分。我开始就告诉大家不要乱守，尤其年纪大血压高的人，学那些乱七八糟的都得毛病了。女性更不要守下丹田，会得血崩，很严重！至少欲念会加重。

这个要自己晓得调配，万一气机到了上庭，到了头顶怎么办？譬如有些人说，哎呀，头顶像裂开一样，尤其修密宗的人，修颇哇法的，一天到晚头顶发胀，要裂开似的，下一步怎么办他就不知道了，因为“占候定吉凶”不知道。你光在上庭守，守久了血压会高，所以最后都是脑溢血而死。修道、修密的我见得多了，不是死在脑溢血，就是死在心脏病。因为气脉的变化到了某一步时，问题都出在这个火候。不知道火候，你自然会跟着气脉的象征，跟那个感觉跑的。佛法就高明，说色受想行识是五受阴，受阴离不开感受，都是依他起。你的气脉在那里动，你的感觉自己都晓得，可是你那一点感觉空不掉，而被受阴牵着走，就是依他起。所以要了解受即是空，空即是受，受不异空，空不异受。但是你做不到啊！能空掉才可以，所以这个时候要知道“占候定吉凶”。

当你知道征候已到，阳极上了头顶，赶快要入阴境。阳极阴生，现在需要阴了，纯阳境界，这一阴是多需要啊！所以修道要懂这个道理，这个时候就不要再用功了，你赶快睡觉去吧，赶快想办法走入阴境。所以说“发号顺节令，勿失爻动时”，爻动就是卦变，一个卦一个现象，六爻就有六个步骤，每一个步骤都有变化，卦就变了。譬如乾卦六爻，阳到了极点，阳极阴生，下面一爻由阳变阴，乾卦变成天风姤卦。也就是说你气机真到顶的时候，一身精气充沛，顶门都在跳动，你赶快需要进入天风姤（䷫），就是“一阴来复”，不是“一阳来复”！

第二次再一变，卦又变了。第二次变有两种变法：第二爻阳变阴，这个叫天山遯（䷠），这个时候人就昏昏迷迷要睡觉去了，这个“遯”不是睡觉，是进入混沌状态了，这是一种变法。还有一种变法，第一爻还是阳爻，第二爻变阴，上卦还是乾，下卦“离中虚”变成离卦了，离属火，六爻卦变成为天火同人（䷌）。假使我们打坐做工夫，上面脑子一念不生乾卦，下面整个身体在佛学叫做得暖，道家叫做阳火，就是离卦，表示工夫到了。

拿得起 放得下

你们看过《七真传》的都知道，那个刘长生在妓女馆做工夫，达摩祖师来看他，他也晓得达摩是来度他的，也不说穿，只像平常一样，叫了一个妓女来，茶壶盛冷水放肚子上，一边跟达摩祖师谈话。不久水开了，冲茶给他喝。达摩祖师喝了这个茶说："好！你可以在这里修道。"他虽然在这里"火里生莲"，并没有败道，没有漏气，没有漏丹，阳气还是那么充足，这个是天火同人卦，在佛学就是得暖。所以要晓得这样变，叫做"勿失爻动时"。工夫境界到哪一步，你就晓得该用哪一个法门，所以八万四千法门都要懂啊！修道那么简单吗？佛法说菩萨要通五明：内明、医方明、工巧明、因明、声明都要通。修神仙丹道也是一样，要天文、地理、人事、阴阳术数、兵、农什么都要懂。所以说，"未有神仙不读书"。但是一般学佛修道的人，嘿！都是八个字——"得少为足，闭屋称王"，这怎么行啊！所以"勿失爻动时"，这一句话很重要。

"上观河图文，下察地形流。中稽于人心，参合考三才。"你看这个道家的祖师魏伯阳，火龙真人，他这部千古丹经要多少学问才能写成？"上观河图文"，要懂得《易经》的《河图洛书》；"下察地形流"，下知于地理，因为修道是科学，同地球物理、天文物理都是一样；"中稽于人心"，中间还要通人事；"参合考三才"，天、地、人谓之三才，一切学问法则都要了解。

"动则循卦节，静则因彖辞"，每进一步的变化，拿《易经》来讲叫卦气，卦气一动，“循”是追查，“卦节”，每一节、每一步怎么走，每个境界来自己知道是什么现象。所以“动则循卦节”，是一定的步骤，它是个科学。“静则因彖辞”这句话，他说你要看《周易》的“彖辞”，因为这时佛学还没有传入中国。彖是野兽的名字，《易经》都用兽来代表，譬如龙、马、象、彖等。古代说彖这个兽，铁被它牙一咬，就断了！所以孔子注《易经》作“彖辞”，就是作决断语的意思，告诉我们这个卦讲什么。但是孔子作的“彖辞”，并不是光讲物理或哲学，中间还有修道的道理在内，所以孔子懂，不是不懂。“静则因彖辞”的“静”，就是要像彖辞一样有决断，能断就断；念头说不起就不起，像彖一样切断。古人翻译《金刚经》，有的加两个字《能断金刚般若波罗蜜经》，像金刚一样切断，提得起放得下；能断也就是“静则因彖辞”。

把握动静之间

“乾坤用施行，天下然后治”，这是讲政治哲学的应用。乾坤两卦的一阴一阳，就是生灭的现象。懂了以后，你把这个应用的法则把握住才懂得修道，然后治天下大事，则天下太平。尽管你到了八九十岁，懂了这个理，下手修持用功，一样可以祛病延年，返老还童，长生不老。真的！不过今天我听到个消息，有个朋友跟我讲，医药已经研究出来啦，绝对可以抗拒老死，试验了几十个老头子。他说，半年以后再检查身体，一切都健康了，而且退回到四十岁的状况，这个方子快要出来了。我说这个是外药、外丹，也是中国的古方，加上新的科学研究试验，但是要懂得“乾坤”两卦的应用。

关于“火候”这一篇，有个重要的道理我们要知道，释迦牟尼佛告诉我们，一切法是生灭法。佛法的偈语：“诸行无常，是生灭法，生灭灭已，寂灭为乐。”这是小乘所追求的，可以成罗汉。要一念不生全体现，在心理上讲是生灭的念头切断。但是在生理上也有生灭法。所以有几天你念头清净，觉得戒律清净，然后看别人就像着魔似的！你看我多好呀，对境心不动啊。嘿！过不了几天，你动得比别人还厉害。这是什么道理呢？是心理生灭法。身体也有生灭法，这是一阴一阳。能阴能阳者，那个是不生灭的。生灭法并不妨碍呀，你要懂得才行，所以后来在大乘佛法上，佛就不那么严厉批驳生灭法了。道家现在告诉你，一阴一阳之谓道，这个法则是呆定的，生灭与不生灭是不二。这个消息在《维摩诘经》、《法华经》、《圆觉经》都透露了。

所以要明白修法的道理，修炼气脉是生灭法，一步有一步的现象，一步有一步的征候，能把握住那个不生不灭的话，最后修证到不生不灭才成道，这个问题诸位去研究。你们在座的很多深通儒、释、道三教，但是掉到儒、释、道三教的缸里爬不出来的还蛮多。怎么爬出来？这是很重要的题目。火候之道是讲生灭法，在生灭法中有现象，要把握住的是一动一静之间。把握不住的话，在道家讲是败道法门，成功了还是会失败的；把握得住才真懂得中国正统的道家，才不冤枉研究《参同契》了。

图书在版编目(CIP)数据

我说《参同契》(上册)/南怀瑾讲述.—北京:东方出版社,2009.5

ISBN 978-7-5060-3499-9

Ⅰ.①我… Ⅱ.①南… Ⅲ.①道教-气功②周易参同契-研究 Ⅳ.①B234.995

中国版本图书馆 CIP 数据核字(2009)第 060339 号

我说《参同契》(上册)
南怀瑾 讲述

责任编辑: 刘俊堂
出　　版: 东方出版社
发　　行: 人民东方出版传媒有限公司
地　　址: 北京市东城区朝阳门内大街 166 号
邮　　编: 100706
印　　刷: 环球印刷(北京)有限公司
版　　次: 2009 年 5 月第 1 版
印　　次: 2015 年 5 月第 10 次印刷
开　　本: 640 毫米×960 毫米 1/16
印　　张: 19
字　　数: 200 千字
书　　号: ISBN 978-7-5060-3499-9
定　　价: 32.00 元
发行电话: (010)64258117 64258115 64258112